青 少 年 的 成 功 指 南
父 母 教 导 孩 子 成 才 的 实 用 宝 典

小学生要知道的
礼 仪

Xiao xue sheng yao zhi dao de li yi

翟文明 编著

光明日报出版社

图书在版编目（ＣＩＰ）数据

小学生要知道的礼仪 / 翟文明编著 . –– 北京：光明日报出版社，2011.6 （2025.1 重印）
ISBN 978–7–5112–1123–1

Ⅰ . ①小… Ⅱ . ①翟… Ⅲ . ①礼仪—少儿读物 Ⅳ . ① K891.26–49

中国国家版本馆 CIP 数据核字 (2011) 第 066297 号

小学生要知道的礼仪

XIAOXUESHENG YAO ZHIDAO DE LIYI

编　　著：翟文明

责任编辑：李　娟　　　　　　　　　　　责任校对：一　苇
封面设计：玥婷设计　　　　　　　　　　封面印制：曹　净

出版发行：光明日报出版社
地　　址：北京市西城区永安路 106 号，100050
电　　话：010–63169890（咨询），010–63131930（邮购）
传　　真：010–63131930
网　　址：http://book.gmw.cn
E – mail：gmrbcbs@gmw.cn
法律顾问：北京市兰台律师事务所龚柳方律师

印　　刷：三河市嵩川印刷有限公司
装　　订：三河市嵩川印刷有限公司
本书如有破损、缺页、装订错误，请与本社联系调换，电话：010–63131930

开　　本：　170mm×240mm
字　　数：198 千字　　　　　　　　　　印　　张：15
版　　次：2011 年 6 月第 1 版　　　　　　印　　次：2025 年 1 月第 3 次印刷
书　　号：ISBN 978–7–5112–1123–1

定　　价：49.80 元

 # 前　言

　　礼仪是一个人思想、道德、文化等内在修养的外在表现，是每个人不可或缺的基本素养。学习礼仪不仅可以内强素质、外塑形象，还可以提高自信、增进交往。

　　英国哲学家约翰·洛克曾说过："礼仪是少年儿童所应该特别小心地养成习惯的第一件大事。"对于小学生而言，礼仪教育不是一般意义上的礼貌教育，而是一种道德素养教育，一种健全人格的教育，它对小学生各方面素质的形成起到了至关重要的作用。中国有句老话："少成若天性，习惯如自然。"小学生正处于学习的启蒙阶段，具有很强的可塑性和模仿能力，因此，从小学习礼仪将会给小学生留下终生的印象，并为其人生观和世界观的建立和形成打下基础。

　　为了帮助广大小学生学习礼仪，并使其能在学习和生活中规范地运用礼仪，我们经过总结探讨为他们量身制做了这本《小学生要知道的礼仪》。

　　本书涵盖了小学生在学习生活中可能遇到的情况和相关礼仪，并将这些礼仪分为基本礼仪、交际礼仪、用餐礼仪等十大类，分别指导小学生学习和生活中的十个方面。在每一项礼仪中，该书又分为"你身边的故事"、"礼仪解读"、"跟我学礼仪"三个部分。其中，"你身边的故事"通过身边一些鲜活的事例，让小学生切身体会到，在遇

到该种情况时应该怎样做、不该怎样做，把原本枯燥、晦涩的大道理变得生动、亲切、简单、易懂，适合他们阅读。"礼仪解读"是专家对该项礼仪的含义、用途及重要意义作出的权威、科学的解释说明，可使小学生提高认识，更加重视对礼仪的学习。"跟我学礼仪"应该说是最重要的，它会具体地指导小学生怎样做才是一个彬彬有礼的人，使其在人际交往中更有自信。另外，本书选配了多幅手绘插图，图文联袂，相得益彰，可帮助小学生更加直观、形象地理解礼仪，学习礼仪。

孔子曰："不学礼，无以立。"我们希望通过阅读这本书，使小学生能够遵礼、达礼、用礼，提高自身素养，为将来成为受社会欢迎的有用之才打下基础。

# 目 录

第一章
基本礼仪

仪容留给人的印象
胜过千言万语

你身边的故事

小友和小松是同班同学，也是很好的朋友，他们俩人的数学成绩都相当不错，屡次在各类竞赛中获奖。这不，在上次全省的数学竞赛中，两人都得了95分，成为全校仅有的两个一等奖获得者。恰好，省教委要选派上次数学竞赛一等奖获得者中的十个人去北京参加全国数学奥赛培训。由于名额有限，小友和小松所在的学校只能选派一个人。这可让小友和小松的数学老师十分为难了，俩人的成绩都是95分，无论选谁，另外一个心里都肯定会不痛快，毕竟这样的机会不多。于是，数学老师把决定权交给了教务处。教务处长拿到小友和小松的数学老师送来的材料后，决定星期五下午五点见见小友和小松。

很快就到了星期五，上完课后，小友和小松两人便去了教务处长的办公室。走到门口，他们轻轻地敲了一下门，教务处长在里面问道："是小友和小松吧？"他们两人同时回答道："是的。"教务处

长说："好吧，那你们谁先进来？"小松和小友互相看了看对方，小友说："小松，那你先进去吧！"小松看着小友满脸的真诚，也就不好推辞，于是推开门走了进去。教务处长笑着问道："你叫什么名字呀？"小松回答道："我叫杨小松。"说完，小松便把自己的长头发向后梳理了一下，又觉得自己的鼻孔有点痒，于是便用自己长长的指甲去挖自己的鼻孔。看着小松这些动作，教务处长很快便结束了和他的谈话。接下来，小友走了进去，看见教务处长后，小友笑着对处长说道："老师，您好，我是五年级三班的张志友。"听完小友的自我介绍后，处长点了点头，并仔细看了看小友：虽然衣着朴素，但却显得落落大方；头发剪的是标准的学生头型；指甲也剪得恰到好处。看到这些，处长微微地点了点头。问了一些相关的学习问题之后，便和小友结束了谈话。

星期一的早上，处长决定由小友代表本校去北京参加奥赛培训。在宣布完结果后，数学老师把教务处长写的一封短信给了小松，短信写道："杨小松同学，希望你能接受老师的这次决定，在学习成绩上，你确实是一个非常优秀的好学生。但是，作为学生，学习好不代表一切都好，你在生活习惯和个人仪表上还有一些不足，这也是你这次落选的最主要原因，如果你能及时改掉这些不足，我相信你定会在以后的学习和生活中获得成功。"看完教务处长的信后，小松低下了头。

礼仪解读

一个人的容貌、外表，在礼仪上，我们把它称作仪容礼仪。

仪容，是社交礼仪中不可忽视的重要因素，也是一个人自爱和负责的表现，它在人际交往中，尤其是初次交往时的意义非常重要，往

往胜过语言，因为，通过仪容，人们看到的不仅是我们的外表，还有我们的修养和内在品质，甚至还能了解到我们的家庭教养。很多时候因为仪容不好，我们会丧失很多机会，故事中的小松不就是一个活生生的例子吗？

我们可以肯定，小松的行为不是故意的，而是因为长久以来没有注意，养成了不好的习惯，致使他的仪容让别人看起来很糟糕，从而导致了他最后的落选。

试想一下，要是他和小友表现得一样好，说不定最后的入选者就是他。所以，为了避免小松的遗憾在自己的身上发生，小朋友们就得时刻关注自己的仪容，使之符合礼仪规范。

跟我学礼仪

保持面容整洁

一定要做到每天早晚洗脸。同时，小朋友们千万别忘了洗脖子啊。如果你的小脸干干净净，可是脖子却很脏，那就太不雅观了。女同学注意，不能化妆，化妆是不符合学生身份的。

勤于梳洗头发，发型要朴素大方

作为小学生，尤其是男同学，不能留长发，留长发不符合你的学生身份，显得轻浮。这在人际交往中对你是非常不利的。

勤剪指甲、勤洗手

留长指甲不符合小学生身份，也是不讲卫生的表现，因为指甲太长，容易滋生很多细菌，这对自己健康是一个潜在的威胁。另外，不能当众修剪指甲或用牙齿啃指甲。女同学还不能涂指甲油。

牙齿洁白，口腔无异味

要养成每日早晚刷牙的好习惯，最好是饭后三分钟内刷牙。刷牙

时也要认真，应顺着牙缝上下刷，全面刷。小朋友们还要注意，外出、上学时不能吃有刺鼻气味的食物，如葱、蒜等，以免影响他人，引起别人的反感。

保持鼻子的清洁

鼻子是面部最突出、最明显的一个器官，如果这个部位不合仪容礼仪的话，那是再显眼不过了，所以，小朋友们一定要注意鼻子的清洁工作，不能随便吸鼻子、擤鼻涕。

勤换衣服、勤洗澡

衣服脏了应及时换下，否则，会给人一种邋遢的印象。同时，也要勤洗澡，尤其是在夏天，应该及时洗澡。要知道，一个不爱卫生、满身汗味的人，不管他去哪儿，人们都会离他远远的。

坐有坐相，站有站相

你身边的故事

今天是 4 月 25 日，北京某重点中学正在进行"小升初"面试。会议室里，校长、几位德育老师分坐在圆桌靠窗户一侧的座位上。

随着很响的敲门声，一个高个子男生晃晃悠悠地走了进来。德育老师说："同学你好，请坐。"

那个男生没说话，大大咧咧地坐在了校长对面。

德育老师接着说："请你做一下自我介绍好吗？"

"我叫张光男，立新小学的学生，别的就没什么说的了。"边说，张光男边打了一个哈欠，并且东张西望起来，还一会儿挖耳朵，一会儿抠鼻子。

大概过了不到半分钟的时间，德育老师说："张光男同学，你可以走了。"

张光男懒洋洋地站起来，用力地挪动着椅子，嘟哝着："就这么一会儿就完了，这不是瞎折腾吗？"然后，他用力地关门走了。

面试的结果可想而知。

礼仪解读

举止，也就是人用肢体动作"说"出的"形体语言"，它代表了一个人的姿态和风度。举止和仪容就像孪生姐妹一样，无声地向外界传递着你的内在素质、修养和品味，让人通过它们就能对你产生一个先入为主的印象，甚至很长时间都无法改变。相对仪容礼仪来说，举止礼仪的力量更不容忽视，它会在无声中帮助你润滑人际关系，博得别人的好感，获得更多的机会。

跟我学礼仪

站要站得端直挺拔

站要站得端正、稳重、自然，要像松树一样端直挺拔。站立时，要尽量避免歪脖、斜腰、屈腿，尤其是翘臀、挺腹。全身不够端正、双脚叉开过大、双脚随意乱动、无精打采、自由散漫的姿势，都会给人留下轻浮、缺乏教养的不好印象。

坐要坐得端庄稳重

坐的姿势是体态美的主要内容之一。要想让自己的坐姿端正优美，给人以文雅稳重、自然大方的美感，就要掌握坐的基本要领：走到座位前，转身，把右脚向后撤半步，轻稳坐下，然后把右脚与左脚并齐；这时，上体要自然挺直，头端正，表情自然亲切，两肩平正放松，两臂自然弯曲放在膝上，也可以放在椅子或沙发扶手上，掌心向下，两脚平落地面，起立时右脚先后收半步然后站起。

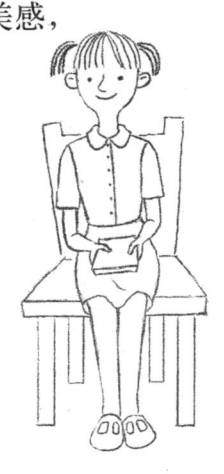

手势和表情神态
要健康、积极

你身边的故事

有一天，小李乘车，车上人非常多，车也开得很快。在一个拐弯处，司机为了避让一辆疾驶而来的货车忽然来了个急刹车，于是车内站着的人全都来了个"向前冲"，小李把自己前面的那位年轻人压倒在地。

那位年轻人爬起来后非常生气，愤怒地看着小李。小李也不含糊，直直地瞪着对方冷冰地拉着长音说："对不起了！不是故意的！"对方本不想再计较什么，可是一见他那张冷冰冰的脸，就来了气，非要跟他论个短长不可，于是，麻烦就来了。最后两人双双被带到了派出所。

礼仪解读

举止礼仪除了对坐姿和站姿作了规定外，对人的表情和手势也有细致的要求。心理学家就曾说过，人的面部表情是对情绪反应最显著的部位，比如，面对有兴趣、令人愉快的事情时，人的眼睛的

瞳孔就会放大，相反，如果人面对的是令自己讨厌的东西时，他的眼睛就会瞳孔缩小，这也正合"眼睛是心灵的窗户"的说法。眼睛是最不会说谎的，你对一个人的感觉怎么样，从你的眼神就能看得出来。所以，要想让自己在与人交往中赢得别人的喜欢和支持，就一定要注意自己的面部表情，多用一些符合礼仪的表情来招待自己的交际对象。

手势也是一样，在生活中我们经常使用它们。可是，同一种手势在不同的情况下它的含义也是不同的，比如"胜利"手势，也就是"V"形手势，是前英国首相丘吉尔首先使用的，但是如果掌心向里的话，就是骂人的姿势了。所以，小朋友们在使用手势的时候，一定要注意它们正确的姿势哟，在与人交往时是千万不能使用那些侮辱人的手势的，否则，你们原本很友好的关系就会因为一个手势而破裂。

跟我学礼仪

手势要积极

手势是一种独立的、别具效果的交际语言。在不同国家、地区、民族，因为习俗不同，手势的含义也各不相同，甚至大相径庭。所以，要正确使用手势，更要合乎规范，以免惹是生非。下面几种手势在使用时要多加注意。

掌心向下的招手动作：在中国是叫人，在美国是叫狗。

竖起大拇指：一般表示顺利、夸奖，但在美国、欧洲部分地区表示"搭车"的意思，在澳大利亚则是骂人"他妈的"。在其他地区还有其他的意思。

OK 手势：源于美国，表示"同意"、"顺利"、"很好"的意思，可是在法国表示"毫无价值"，在泰国表示"没问题"，在巴西表示

"粗俗下流"。

挥手致意：掌心要向外，面对对方，指尖朝上，手掌伸开，这种手势常用来表示对别人的问候、致敬、感谢等。

双手抱头：对自己是放松，对别人则是目中无人。

摆弄手指：给人无聊的感觉，让人难以接受。

表情神态要健康积极

健康积极的表情，是优雅风度的重要组成部分，会给别人留下深刻的印象。在交往场合，表情神态要做到热情、友好、轻松、自然，这样才符合表情礼仪的要求。

表情神态包括目光、笑容两方面。目光是富有表现力的一种"体态语"，适当地运用能给交往带来好的作用，否则会带来不必要的误解。在人际交往中，眼神应坦然、亲切、和蔼、有神，那种斜视、瞟视、瞥视的眼神尽量少用为好。真诚、甜美的微笑在社交场合中，是最富有吸引力、最有价值的面部表情，周恩来总理闻名中外的"微笑外交"便是一个很好的例证。假定一个人整天一脸晦气，愁眉苦脸，想必不会有人愿意与他交流。

走路姿态自然大方

你身边的故事

小武和小俊是同班同学。上周末，两人一起参加了学校演讲大赛的预赛，并且他们的名字都进入了决赛名单。两人都很高兴，互相鼓励，暗下决心，要好好表现。

转眼就到了星期二，这天是决赛的日子，几乎所有的老师和同学都来到了现场。前面的选手表现都很精彩，很快就该小武上场了，只见他从主席台前排慢慢地站了起来，然后转过身来，向所有的老师和同学挥手致意，接着便转过身去，迈着大步，双臂使劲地前后摆动着，走上了演讲台。看着小武如此夸张的步调，很多同学和一些评委老师禁不住笑出声来。演讲到高潮处，小武随手丢下自己手上的底稿，把双手往后一背，身体向后一仰，在台上蹓着方步走来走去。看着小武如此滑稽的样子，所有的评委老师边笑边摇着头，一些同学甚至还吹起了口哨。这时小武才注意到自己刚才的走姿太夸张了，正想站好给老师和同学说声"对不起"时，裁判示意时间已到，于是他便耷拉着脑袋匆匆走下了演讲台。

接下来，轮到小俊上场了，只见他稳稳地从前排站起来，转过身向老师同学挥手致意后，便抬头挺胸，双眼平视前方，迈着轻盈的脚

步走上了演讲台，老师和同学纷纷报以热烈的掌声。演讲到高潮处，小俊也放下了手中的底稿，挺直了腰，迈着坚定的步子，走到演讲台的前缘，向全场听众发出了激情澎湃的号召，然后举起手臂，用力一挥，结束了自己的演讲。顿时，台下响起了潮水般的掌声。在掌声平息以后，小俊向全场的同学和老师说了一声"谢谢"，便迈着矫健的步伐，回到了自己的座位上。

很快，所有的选手都演讲完了自己的题目，接着校长宣布了这次一等奖的获得者，他说："无论是从演讲稿的内容，还是演讲前后的动作表情，五年级一班的李俊同学都获得了这次大赛的一等奖。"接着校长又说道："其实，这次参加演讲比赛的同学都非常优秀，但有些同学演讲时的走姿和说话的语气还有不足的地方，希望这些同学在以后的学习和生活中能改掉这些不足，争取在下一次的演讲比赛中取得更好的成绩！"听完校长的这番话，小武也明白了自己这次没能夺得第一的原因。

礼仪解读

行走是人生活中的主要动作，一个人的走姿往往是最吸引人注意的形体语言，通过它既能展示一个人的动态美，也能表现一个人的风度和修养。同时，通过走姿也能反映出一个人的生活态度以及他的心境。同样，如果一个人不注重自己的走姿，随心所欲地走，毫无疑问，他只会成为别人的笑料，给人留下不好的印象。

通过小武的失败和小俊的成功，小朋友们应该明白了正确、得体的走姿的重要性了吧？所以，小朋友们平常一定要有意识去注意自己的走姿，不要让不正确、不得体的走姿成为你的一种习惯，要是那样的话，等你想纠正它们，走出自己的风度与气质时，可能为时晚矣。

跟我学礼仪

1．一个人在行走之时所采取的姿势，称为行姿或走姿，良好的行走姿势能体现出人的运动之美和精神风貌，所以，行走时要不慌不忙，稳重大方。

2．走路时应抬起头，挺胸收腹，双眼平视前方。同时也不要弯腰走路，而应让腰背笔直，这既显得有精神，也很美观。

3．双臂以身体为中心，自然下垂、摆动，向前摆动的幅度最好不要超过32度，后摆幅度不要超过15度，同时手指微微弯曲合拢，手掌朝内。

4．行走时，身子稍微前倾，身体的重心落在前脚掌，同时伸直膝盖。不要把身体的重心落在后脚，否则会使你的身体后仰，肚子腆起，就像一只大企鹅。

5．脚尖迈出的方向一定要正，双脚尽量走在一条线缘上。不然的话你走路的姿态就会呈明显的外八字或内八字。

6．步履不要太快，也不要太缓，而要适度。同时步履的跨度不要太大，太大了会使你的身体上下摆动，走路的姿态像鸭子。行走时，步履应尽量匀称、轻盈，从而给人一种文雅之美。

7．不要双手左右横着摆动或是紧抱双臂，抑或是倒背双手。那样走路不仅不雅观，而且会被人视为不礼貌，有时还会妨碍道路上其他行人。

8．尽量放松自己，尤其是在当着众人的面行走时，一定要放松腿、臂等处的肌肉，不然你的手臂、腿部或身子就会死板僵硬，走姿就会显得很机械、生硬，这会给人留下不好的印象。

9．走路时不要将双手插在衣包或裤带中，也不要左顾右盼。

第一印象的 80%
来自于着装

你身边的故事

校园电视台要面向全校学生招收一名播音员。知道这个消息后，小芸非常高兴，准备去参加面试。

她回到家后，立即把这件事告诉了妈妈，妈妈一听，也非常高兴，表示全力支持。小芸想，这次参加应聘的人很多，如何才能脱颖而出呢？她想起电视上那些主持人，多么时尚啊！要是有一套时髦的衣服一定能取胜。她把想法告诉了妈妈，可妈妈却说："小芸，你还是一个小学生，穿着奇装异服，这有违你们的行为规范，是不适合的！"小芸一听妈妈这话，顿时满脸的不高兴，说道："如果你不答应我，我就不参加了。"为了不打击女儿的积极性，妈妈做出让步。吃过午饭 后，妈妈又带着小芸去一家购物中心买了一件颜色非常鲜艳、非常时髦的衣服。

很快就到了面试的时间，小芸非常自信地走进面试老师的办公室。在面试过程中，小芸表现得非常好，令老师们频频点头。可是，当学

校公布录用结果时，小芸却落选了。

小芸不服气地去问面试老师："为什么不录用我？"老师笑着说："小芸，你的表现非常好，但是你知道你失败的最大原因是什么吗？就是你的穿着。作为一个学生，你的打扮是很不合适的。"听完老师的这些话，小芸后悔不已。

礼仪解读

俗话说，"人靠衣裳马靠鞍"，"人要衣装，佛要金装"，可见，穿衣的确是"形象工程"的大事，难怪有人说，"服装不能造出完人，但是第一印象的 80% 来自于着装"。

可是，注重着装，是不是就非要每天都刻意地去打扮自己，身着奇装异服，以引起别人的注意呢？当然不是。如果那样的话，只会适得其反，不仅不能衬托出自己的良好形象，还会给人留下不好的印象，小芸就是这样。着装是一个人内在素质的外在表现，它将会直接关系到别人对你的第一印象，进而影响到别人对你的评价。

可见穿着打扮，一定要合礼仪，如果过分追求新奇、抢眼，说不定倒让人对你产生反感呢。

跟我学礼仪

着装要符合身份

作为学生，穿着一定要符合学生身份，上学时应穿校服或其他便装。不要穿得过于杂乱，过于鲜艳，也不要穿过于短小和过于紧身的衣服。而且同学们正处于成长发育阶段，衣服过于短小，过于紧身，既无美感也不利于身体的健康发育成长。

要区分场合

什么时候穿着什么衣服，一般来说是有讲究的。参加活动或集会时，要按要求身着统一的校服、运动服等。在校园内操场活动，不穿健美裤、紧身短裤、超短裙等。

衣着整洁、朴素

无论是便装还是校服，都应穿着平整、洁净，扣子或拉链要扣好、拉好，不能有开线的地方。要做到勤换衣服勤洗澡，保持内外衣的干净。

着装要合体

衣服或裤子应合自己的身体个头，不穿太大或太小的衣服，同时要尽量保持衣服干净平整，让人感觉到非常合体。

不穿奇装异服

服装样式不要过于追求夸张、华丽，颜色不要太刺眼、鲜艳，应以素雅、恬静、含蓄为佳。

保持鞋袜的干净整洁

如果你的衣服和裤子很干净整洁，可是鞋袜却非常不干净，这不仅显得不协调，而且会给人不注重细节的印象。

称呼要得体而亲切

你身边的故事

　　小明是一个刚上小学四年级的学生。某一天放学后，他拿起书包就往家里跑，因为他喜爱的动画片马上就要开始了。他一到家门口就马上急促地敲门。由于爸爸没有听见，小明赶忙跑到一楼，朝着自家厨房的方向，直呼爸爸的名字："张大明，快开门，快点，我回来啦！"别看小明人小，他的嗓门却是够大的，这一喊引得楼上楼下的邻居们纷纷探出头来，一看小明叫的是他父亲，纷纷大笑起来。自己的孩子对自己直呼其名，小明爸爸当时的尴尬处境可想而知。

　　和小明相比，小军的做法也没好到哪儿去。有一天，小军和妈妈在超市电梯口遇到一位老人，竟是妈妈以前的老师。于是妈妈赶紧拉着小军的手，走到老人面前说："陈老师，您好，我是您的学生陈英。"陈老师笑着说："你好，一晃十几年就过去了，这是你的孩子吧？"小军的妈妈说："对，快十岁了，今年开学就上三年级了。"说完这话，妈妈对小军说："小军，快问陈爷爷好。"小军望着满头白发、正笑眯眯看着自己妈妈的老师，突然朗声说道："老顽童，你好！"听到这个谁也没有意料到的称呼，陈老师脸上的笑容顿时僵住了。而旁边的人也纷纷扭过头来看热闹。一听这些话，妈妈的脸变得通红。还好，陈老师及时打破了僵局，对小军的妈妈说："没事，孩子太小，不懂事。

不过，你以后可得好好教育他，基本礼仪还是应该让他学会的，这对他将来是非常有好处的。"说完这话，陈老师就乘电梯走了。

礼仪解读

称呼，是人们在日常交往应酬之中所采用的彼此之间的称谓语。称谓中有尊称（敬称）、谦称（卑称）和通称的区别。一般来说，在日常学习和生活当中，称呼应当亲切、合理、准确、自然，要合乎常规，要照顾被称呼者的个人习惯，还要入乡随俗。不称呼或乱称呼，往往会让对方感到难堪、不快，甚至伤害对方的自尊心。当然这同时也会使自己的形象在别人心中大打折扣。

上面故事中的小明直呼爸爸的名字，结果让自己的爸爸成了邻居们的笑柄；小军在公共场合用不礼貌的言辞称呼妈妈尊敬的老师，不仅让妈妈的老师非常尴尬和不快，也使妈妈脸上无光，更降低了自己在旁人心中的地位。可见学会正确地称呼别人对别人、对自己都是多么重要。

跟我学礼仪

弄清称呼的分类

称呼一般可以分为：一般称呼，对男人称"先生"，对女人称"女士"；职务称呼，如××局长；姓名称呼，如××先生；职业称呼，如服务员、医生等，这类称呼可以直接和姓连用；代词称呼，如"您"、"你"，一般对长者常用"您"；亲属称呼，如爸爸、妈妈、爷爷等。

无论在何时何地，切不可直呼自己父母和长辈的姓名。

对长辈，应根据他们年龄的不同，分别给予正确的称呼。如对爸

爸妈妈的父母应分别称为爷爷、奶奶、外公、外婆；对与父母年龄相仿的人应称为叔叔和阿姨；对爸妈的兄弟姐妹应分别称呼为伯伯、叔叔、姑姑、姨和舅舅；而对与自己年龄差不多的同学，才可以直接称呼他们的名字，如"小明"、"小军"等。

不要使用错误的称呼，特别是误读或误会

为了避免这种情况的发生，对不认识的字，我们就应多查字典或谦虚地向人请教。

千万不能给长辈起绰号

那样只能引起长辈的不满，还会让别人笑话自己没礼貌，没教养，就像故事中的小军似的。

学会称呼同学的长辈

我们应称呼同学的父亲为"伯父"，母亲为"伯母"。对于同学的父母之外的长辈或邻居，随该同学的称呼就可以了。

不认识的长辈也要给予恰当的称呼

生活中凡是高于自己辈分的人都属我们的长辈，当然包括陌生人。所以，在称呼他们的时候也应该遵循前面的各项礼仪要点，只有这样，才能全方位地体现出我们是一个懂礼仪、重礼仪、尊敬长辈的好孩子。

不要使用庸俗的称呼

比如，不分场合地称呼别人为"大哥"、"兄弟"、"哥们儿"等，虽然听起来很亲切，但容易给人一种庸俗甚至拉帮结派的感觉。

不要给同学或朋友乱起绰号

给人取绰号，这在小朋友们当中非常流行，这样既不尊重别人，也会伤害到别人的自尊。

握手，可以显露个性

你身边的故事

周末，小阳和爸爸去超市买东西，出来时遇到了爸爸的朋友李叔叔。和爸爸握手完毕后，李叔叔笑着问道："老张，孩子都长这么高了，叫什么名字？"小阳抢着说道："叔叔，你好，我叫张阳。"李叔叔点了点头，然后说："小阳好，真有礼貌！"说完这话，李叔叔伸出右手说道："小阳，来跟李叔叔握个手吧。"看见李叔叔伸出的右手，小阳一时不知自己该伸出那只手，情急之中，他便用双手紧紧握住李叔叔的手，并不停地上下抖动，低着头连连说道："李叔叔好，李叔叔好。"握了大约有十秒钟的时间，小阳没有一点松开的意思，爸爸见状，笑着对小阳说道："小阳，你这是在干吗啊？"一听这话，小阳才知自己忘了松手，于是把李叔叔的手使劲儿往下一扔，然后快步退到了后面。看着小阳的这些动作，爸爸和李叔叔禁不住笑了起来，随后爸爸说道："看来真得教教小阳与人握手的礼仪了。"

礼仪解读

握手是日常交往中最常用的礼节，是世界通用的礼节。握手多用于见面的问候与致意，以及告别时的致谢和祝愿的场合。握手虽看

似平常，但从中却可传递出很多信息。礼仪专家也曾特别强调握手是交际的一个部分，握手的力量、姿势和时间的长短往往能够表达出对握手对象的不同礼遇和态度，会给人留下不同印象。在轻轻一握中，可以传达出热情的问候、真诚的祝愿、殷切的期盼、由衷的感谢，也可以传达出虚情假意、敷衍应付、冷淡与轻视。可见，握手在人际交往中的作用是不容忽视的，如果能正确把握其中的要领，就不难赢得交际的主动。

在生活中，小朋友们有没有犯过小阳那样的错误呢？如果有的话，可得及时改正呦，否则就要被别人笑话了。

跟我学礼仪

姿势要正确

正确的握手姿势应该是这样的：双方都应伸出自己的右手，四指并拢，虎口相交，拇指张开下滑，掌心下陷并朝向左方，用手掌和手指与对方的手相互扣合，双方之间的距离应保持在一步左右，身体微向前倾。左手应该紧贴大腿外侧自然下垂，微笑地看着对方。

力度不要太大

握手时不要用太大的力，尤其是在与女性握手时，握住不掉就行。切忌不能使劲儿握住别人的手牢牢不放或是用力摇动，因为那是非常不礼貌的；但漫不经心地用指尖做"蜻蜓点水"式的握手也是不礼貌的。如果是和自己所熟悉的人握手，可适当用一点力。

时间长短要适度

一般来说，与人握手的时间要适度，与人初次见面握手时，时间应控制在三五秒钟之内为宜。如果确想表达自己的热情与真诚，可以

适当延长一下握手时间，并可以稍微上下摇晃几下。

遵守顺序

一般来说，握手应该根据对方的辈分、性别、社会地位和宾主身份来确定先后顺序。长辈和晚辈之间，长辈伸手后，晚辈才能伸手相握；男女之间，女性先伸手后，男性才能伸手相握，如果男性年龄较大，男性可以先伸手；上下级之间，上级伸手后，下级才能伸手与之相握；宾主之间，客人来访时，主人应先伸手表示欢迎，客人离开时，

主人切忌先伸手，那有逐客的意思，应在客人伸手表示辞行时，主人才应伸出自己的手。如果要与多人握手，其礼仪顺序应该是由尊到卑，依次进行，先职位高者，后职位低者，先长辈后晚辈，先老师后同学，先女士后男士。

恰当的场合

与人握手，场合要恰当，一般来说，这些场合你可以与人握手：被介绍给不认识的人时；向别人赠送礼品或是给别人颁发奖品时；遇

见长时间没有见到的朋友时；向朋友道别时；拜访他人后辞行时；别人给予你支持或是鼓励时等等场合。

下列场合不宜进行握手：在公共汽车上、餐桌上、飞机上等等。

微笑、问候作补充

在与人握手时，不能仅仅为了握手而握手，在握手的同时，应该面带微笑，双眼注视对方，说一些问候性的话语，比如"很高兴认识你"、"见到你真高兴"等等。

在了解上面握手礼仪的同时，还应当注意下面这些握手时应该避免的一些情形和状况：

1．不要错用左手与人握手。在一些民族看来，如果对方伸出左手与自己握手那是对他们的污辱，比如，印度人、阿拉伯人就认为左手是不干净的，如果有人伸出左手，他们会非常不高兴。

2．不要戴手套或是墨镜。与人握手时，不能戴手套（女性可以带薄纱手套），那有嫌对方肮脏的意思，也不能戴墨镜，那是对别人不敬的表现。

3．左手不要乱放。当你用右手与人握手时，左手不能随意乱舞或是插在衣袋中，也不能手里拿着东西。

4．不要在握手时，把对方手拿着推来推去，也不要握着对方的手上下左右抖动个没完。

5．不要轻易说"不"。当别人主动伸出手向你示好时，不能把自己的手拿开或是视而不见，那是非常不礼貌的。如果自己实在不便握手，比如，手上很脏或是有疾病，也应礼貌地对别人说一声："谢谢，我现在不方便。"以免造成不必要的误会。

"介绍"是陌生人之间的一座桥梁

你身边的故事

周末的上午，小秋和姨妈、姑父坐在客厅里看电视，爸爸妈妈在厨房里忙着准备午饭。这时，同学佳佳来找小秋借书，小秋便去给佳佳找书，却忘了把佳佳介绍给姨妈、姑父认识。

看着客厅里小秋的姨妈和姑父，佳佳一时不知道该怎么称呼他们，因为他不知道客厅里的这两人是不是小秋的爸妈。这让他感到无比尴尬。还好，小秋及时走了出来，佳佳见状，赶忙站了起来，轻声地问道："找到了吗？"小秋摇了摇头说道："没有，不知道爸爸放到哪儿去了，你再等一下，等我爸做好了饭菜，我让他给你找吧。"佳佳点了点头，然后坐了下来。这时，小秋忽然记起还没有把佳佳介绍给姨妈、姑父认识。于是，他马上站了起来，拉着佳佳来到了姨妈和姑父面前，一只手放在佳佳的肩上，低着头说道："喂，我给你介绍一下，这是我姨妈和姑父。"听完小秋的介绍后，佳佳面带微笑地对小秋的姨妈、姑父说道："阿姨，叔叔，你们好。"小秋的姨妈和姑父也笑着向佳佳点了点头。恰好，爸妈也来到了客厅，小秋又对佳佳说道："这是我爸妈。"佳佳又走到了小秋的爸妈面前，微笑地说道："叔叔，阿姨，你们好，我是小秋的同学佳佳。"小秋的妈妈笑着说道："佳佳好，欢迎你到我们家来做客。"随后，小秋的爸爸又笑着说道："佳佳真是一个懂礼貌的好孩子，小秋可要好好向佳佳学习。"

礼仪解读

有人说，介绍是人际交往的一座桥梁。介绍礼仪是人际交往中最基本也是最重要的内容，它能有效缩短人与人之间的距离。在给别人做介绍时，要遵循一定的原则，即简单明了，实事求是，掌握分寸，不能胡吹乱捧，以免让被介绍者陷入尴尬。

上面的故事中，小秋在向姨妈、姑父、爸妈介绍佳佳时，没有注意介绍次序，违反了作为介绍人应遵循的最基本的尊者居后的原则。

跟我学礼仪

遵守介绍尊者居后的原则

尊者居后的原则是指，作介绍时应把晚辈介绍给长辈，把职务低的介绍给职务高的。如果被介绍双方的年龄相当，异性就要遵从"女士优先"的原则，先把男士介绍给女士；对于同性，可以根据实际情况灵活掌握，比如把你熟悉的介绍给你不熟悉的。介绍来宾与主人认识时，应先介绍主人，后介绍来宾；介绍同学、朋友与家人认识时，应先介绍家人，后介绍同学、朋友；介绍年长者与年幼者认识时，应先介绍年幼者，后介绍年长者。

选好介绍人

一般来说，介绍人的选择应该根据场合的不同来确定：在非正式场合，应该选择与被介绍双方都认识的人；在社交场合，比如，家庭

聚会、宴会等，应该是由女主人作为介绍人；在一些特殊场合，应该由此时身份最高者做介绍人。

在为别人介绍之前应该征求一下被介绍双方的意见

如果有意认识某人，不要显得扭扭捏捏，而应欣然表示接受。实在不愿意时，也应委婉说明原因，切不可掉头就走。在开始介绍时，应再对双方打一下招呼，不要上去开口就讲，这会给人唐突之感。

使用正确的介绍语

在为他人作介绍时，语言应该尽量简洁明了，同时多用敬辞，比如："刘叔叔，我来介绍一下，这是××。"切不能随随便便地说："喂，这是××。"这种做法是非常不尊重被介绍双方的。

介绍姿势一定要正确

在充当双方的介绍人时，自己的介绍姿势一定要正确，不能离介绍双方太远，不能手舞足蹈或是目光紧紧盯着一方。你应该这样做：做介绍时，应该站在被介绍人之间外面一点，以利于被介绍双方互相平视。你应该这样运用自己的手势：在向一方介绍另一方时，手指应并拢，掌心向上，胳膊稍微外伸，慢慢指向被介绍的另一方。

态度要真诚

无论是介绍人，还是被介绍的双方态度都应真诚谦和，不卑不亢，不能傲慢无礼或畏畏缩缩。同时，当介绍人介绍双方相互认识时，被介绍的双方应保持站立，面带微笑，眼睛平视对方，随着介绍人介绍的完毕，应与对方热情握手或是点头致意。

自我介绍不能太自夸

你身边的故事

星期天的早晨，吃过早饭后，小葛去同学小诚家玩儿。碰巧小诚的一个远房叔叔也在小诚家。小诚安顿小葛坐下后，对他说："小葛，你先在客厅坐会儿，我去去就来。"这样，客厅里只剩下了小葛和小诚的叔叔。小葛显得很大方，开口问道："叔叔，你叫什么名字，是干什么的呀？"小诚叔叔笑着回答道："我姓李，是一名电脑工程师。"听完小诚叔叔的自我介绍后，没等他问及自己的姓名，小葛便急不可耐地从沙发上站了起来，然后手舞足蹈地说道："我叫王小葛，是小诚的同班同学，比小诚大不了多少。"接着，小葛又昂着头说道："我和小诚是很好的朋友，几乎每天都一起上学回家。"小诚的叔叔刚想说一句"那很好啊"，小葛又抢先说道："我的成绩和小诚不相上下，但很多时候，我还是比他考得好。"（可事实并非如此）

听着小葛越来越没有意义的话，小诚叔叔拿起一本杂志看了起来。

礼仪解读

小葛的自我介绍无疑是相当糟糕的，因为他给小诚的叔叔留下了

很不好的印象。其中做得最不恰当的地方，就是在介绍的过程中故意夸大自己，这是不对的，是不诚实的表现。还有，他没有对长辈用敬语。由此可见，在做自我介绍时，不仅要把它当作一种展示自己、宣传自我形象的手段，还应在这个过程中正确认识自我，以免像小葛那样夸大其词，给人留下笑柄。

跟我学礼仪

语言要准确

做自我介绍时，应该用普通话，语言应该热情友好，又要充满自信，目光要平视对方，不能斜着眼睛或是低着头。

仪态大方，表情自然亲切

在做自我介绍时，举止和仪表应该大方自然、亲切、面带微笑，不能搔头弄手或是将手放在胸口上，也不能做出一副大大咧咧、满不在乎的样子。

介绍内容要准确、得当

在做自我介绍时，所介绍的内容应当准确、得当，恰如其分，不能过分炫耀自己的身份，也不能过分贬低自己，更不能无中生有，编造谎言来欺骗别人。

控制好时间

一般来说，自我介绍的时间应该控制在一分钟左右。

如果自我介绍的对象不是集体，而是个人时，同学们则应该这样做：

先向对方点头致意，如果对方面带微笑及时地做出了回应，你就可以向他介绍自己的姓名、身份等相关情况。如果对方对你的点头致意，只是轻微点头表示回敬，最好不要主动介绍自己的情况。

　　要把握好时机，选择恰当的地点、时间对别人做自我介绍，只有这样才能给人留下好的印象。比如，如果对方在电影院或是在会场上就不应该对别人做自我介绍；还有如果对方正在与人交谈或是忙于自己的事情时，也不要去打断别人做自我介绍，那是非常令人反感的。

自我介绍的具体形式

　　应酬式：只包括姓名一项即可，是长辈要用敬语，如，"您好，我叫××。""您好，我是××。"

　　学习式：包括姓名、学校等一些相对比较详细的信息，如，"您好，我叫××，在××学校读书。"

　　交流式：希望与对方进一步交流与沟通时使用，如，"您好，我叫××，在××上学。我是××的同学。"内容上更详细。

　　礼仪式：在讲座、报告、演出、庆典、仪式等场合中使用，此时应在一般性介绍中再加入一些适当的谦辞、敬辞，如，"各位来宾，大家好！我叫××，是××学校的学生。我代表学校全体学生欢迎大家光临我校，希望大家……"

　　问答式：问答式的自我介绍，应该是有问必答，问什么答什么。

该说的时候说，
该听的时候听

你身边的故事

某天，小王去超市买了一个学习英语的复读机。可拿回家后，看着那么多的具体功用，小王却有些丈二和尚——摸不着头脑了。于是他就拿着复读机来到超市，要求那位卖给自己复读机的服务员给自己详细讲解下如何操作。可那位服务员却极为不耐烦地说："说明书上不是写好了的嘛，真烦人！"

看见她如此态度，小王非常不高兴，于是找到经理要求退货。经理马上找来那位服务员，让他立即给小王道了歉。可小王心里还是觉得很窝火，坚持要退货。这时经理为小王倒了一杯茶，让小王仔细说明退货的原因。大约过了十五分钟，由于说出了对售货员的不满，小王心中的怨气消了一大半。经理见此，赶紧巧妙地把话题转到英语学习上来。在接下来的三十分钟里，经理只是偶尔插了一两句话，主要是静静聆听小王说为什么要学英语以及他打算如何学英语。最后，小王心平气和地对经理说："经理，刚才我的要求也有点过分，再说，服务员已经向我道过歉了，所以，我不想退货了。"

礼仪解读

为什么小王不想退货了呢？因为经理在与他交流的过程中，正确地把握了谈话技巧和礼仪，知道什么时候该听，什么时候该说，给了小王发泄的机会。

在与别人交往的过程当中，交谈是一种最基本、最有效的形式。通过谈话中的"听"可以让自己了解别人，也可以通过谈话中的"说"让别人了解自己，这一说一听的恰当配合可以说是达到了谈话的最高境界。越是善于通过语言与人沟通和交流的人，他的学习和事业取得成功的概率就越大。

除了增进彼此的了解，谈话也可以暴露一个人的品德修养、道德素质、文化修养以及生活阅历。有相当一部分人对别人做出判断时都愿意选择"听其言，观其行"的方式，所以，为了树立良好的个人形象，我们也有必要了解、学会与人交谈方面的一些礼仪常识，以便在谈话交流中让自己的行为更加合情合"礼"。

跟我学礼仪

学会寒暄

寒暄就是指人们碰面时相互问候，以示自己的礼貌和对别人的尊重。一般来说，与人寒暄要找准时机，比如，碰见熟人要主动打招呼，与人分别时要主动说"下次再见"。寒暄也可以从得体地赞美别人谈起，这很容易拉近你与别人的距离。

称谓得体

恰当地使用称谓，是社交活动中的一种基本礼貌。称谓得体会给人留下好的印象，也会赢得别人对你的尊重。一般来说你对别人的称

谓应表现出亲切、文雅、尊敬。

神情专注，态度诚恳，举止大方

无论是说话还是听话，都应该神情专注，一心一意，态度诚恳，落落大方，这既有利于说话人的话语被别人接受和领会，也表现了听话人对别人的尊重。不能在说话或听话时心不在焉，把头转向一边或者是干其他的事，比如抠指甲、拨弄头发等等。

学会聆听

聆听别人谈话时，一定要精神集中，应认真听，眼睛看着说话人的眼睛，并适时表达自己的观点，不能做交头接耳、左顾右盼等动作。当然，聆听并不是说在谈话的过程当中，你一直都沉默寡言，在恰当的时候，你也可以轻微点头，表示赞成别人的观点或意见，或者你可以说："你说得很对，我完全同意你的观点。"如果当你听见别人哪儿说错了，最好不要当着众人的面指出，而应在私下以委婉温和的形式指出。当你在聆听别人的说话时，切不可随意打断别人的说话，否则是没礼貌、不尊重别人的体现，也往往会因此而打断别人的思路，从而影响交流。

尊重对方，语言文明

每个人都有希望被人尊重的心理渴求，所以与人谈话时，一定要尊重对方，不使用脏话、怪话、粗话和气话等一切不雅的语言，那样不但有损自己的形象，难以给人留下好的印象，更会给人带来不快，让人反感。当然，在与人交谈时，也应尽量避免使用方言土语，要积极配合对方的谈话，不能当个闷葫芦。

使用好形体语言

在与人交谈中，一些表情、动作往往能促进交谈的顺利进行，比

如，微笑、点头、眼睛注视对方、身体前倾等等，这些都是表示你对别人的尊重和欣赏。当然也有一些不好的形体语言我们必须尽量避免，比如，与人交谈时手搂在脑后、跷起二郎腿、双腿叉开、不停打呵欠、伸懒腰等等。

说话时要实事求是、客观公正，还应准确定位自己的身份

事实应如实反映，切不可凭主观想象，信口开河。还应该在适当的地方讲符合自己身份的话。比如，在教室里对同学说话时，就不能以居高临下的口吻，因为你们的身份是平等的。

说话要善意、中肯

说话的目的就是表达自己的感情，让对方了解自己的想法、意见，所以我们要切忌说伤害别人自尊心和感情的话，尽量多用委婉之语。另外，对人说话时也要注意语气语调，不能太快也不能太慢。

寻找共同点

与人交谈，应找双方都感兴趣或是对方感兴趣的话题，以体现出你对别人的尊重。同时也可以与人谈一些轻松愉快的话题，比如与长辈交谈时，你就可以让长辈给你讲讲他们的童年趣事。

第二章
交际礼仪

书信来往要懂得
必要的礼仪

你身边的故事

　　星期一的下午，单单和丽丽发生了一点小误会，两人谁也不理谁了。到了周末，单单打算给丽丽写封信说明情况，希望能和她重归于好。

　　周日吃过早点后，单单就找了一张带有彩绘图案的信笺，随手拿起笔桶里的一支红笔就开始写了起来。单单写好了信，就把它塞进了信封之中，随后，她又用红笔在信封上写下了丽丽的名字，便把它投到楼下的信箱里了。

　　丽丽收到信后，发现是用红笔写的，认为是一封绝交信。

　　拆开信封后，丽丽首先看了信的末尾，一看是单单写的信，心想："绝交就绝交。"于是她连正文看都没看便把信收了起来。单单知道后，心里后悔得要死，暗暗责怪自己太粗心，竟然用红笔给同学写信。原本以为可以通过书信来解开她和丽丽的误会，现在看来是泡汤了。

礼仪解读

书信，作为一种通信形式，已有非常悠久的历史，一度成为最为方便的沟通、交流方式。通过它人们可以很好地交流思想感情，传递信息。虽然，随着高科技通信手段的出现，打电话、发电子邮件代替了写信，但是，这在方便之余缺少了蕴藏在书信中的那份温暖。于是，书信又重新引起了人们的重视。

书信虽然是一种普通、古老的沟通方式，但它却包含着丰富的礼仪内容，只有掌握了书信的规范格式和写作要求，明确了书信语言的表达和词语的运用，才能充分地发挥书信的功能。否则，一封不合礼仪的书信不仅不能发挥沟通联络、交流思想感情的作用，还可能会造成一些误会，甚至伤害别人。

看完单单的故事，我们感到很惋惜。试想，要是她知道一些有关书信礼仪的基本知识，她现在肯定已经和丽丽重归于好了。

从单单的教训中，我们也可以看出掌握书信礼仪是多么的重要啊。

跟我学礼仪

要懂得书信的构成部分

一般来说，一封完整的书信应包括这样三部分：1.邮票；2.信封；3.信文。其中信文是一封信的主体，它由称谓、正文、敬语、落款及时间四部分组成。只有完整具备了这三个大件，才算是一封真正的书信。

信笺的选择

在颜色方面，可以选择蓝色、白色等等，彩色镶边的也行，但最好不要选择红色或是带有彩绘的信笺，那含有不尊重收信人的意思。

要懂得信的写作规范要求

一般来说，在信的开篇应先写收信人的称谓。称谓应该在第一行顶格写，后面加冒号，以示尊敬。同时，称谓应遵循礼貌待人、长幼有序的原则，选择恰当的称呼，比如，"尊敬的×××"、"亲爱的×××"等等。

接着另起一行空两格写问候语。问候语要单独成行，以示礼貌。如，"你还好吗"、"真的好想你"、"节日好"等。

下面一段写正文，正文一般来说应该包括这些内容：先询问对方的情况，比如，对方的身体是否健康，学习、工作是否顺利，以表示对对方的重视和关切。接着回答对方的问题或是自述自己的情况，比如，自己的学习和生活，自己对未来的设想。再接着写自己的希望、意愿等等。

在正文末尾，应写一些敬语，以表达自己对收信人的祝愿、勉慰之情。比如"此致"、"想你"等等。

在信文的最后，写上写信人的姓名和写信日期。姓名应写在敬语后另起一行靠右位置。一般写给不熟悉的人或是自己的老师、领导，要写上全名以示庄重、严肃；如果写给亲朋好友，可写名而不写姓。

字迹清楚工整

写信时，字迹一定要工整、清楚，尽量不要出现错别字，也不要出现落字，否则会给别人阅读带来极大的不便，也会给人留下不好的印象。

信纸的折叠

一般来说，在日常的通信往来中，信纸的折叠是先横向再纵向折叠的方式进行的，也可以三等份纵向折叠，以示对收信人的谦恭。

在折叠信纸时也可以将收信人的姓名外露，这可让收信人产生亲切感。

信封的使用

信封上应依次写上收信人的地址、邮政编码、姓名及寄信人的地址、姓名和邮政编码。要记住：信封的左上角应写收信人的邮政编码，信封中间写收信人的地址和姓名（姓名后可以附上"启"或是"亲启"），右下角写写信人的地址和邮政编码。邮票应贴在信封的右上角。一般来说，普通书信的邮票应正面、端正地贴在信封上，最好不要倒贴、斜贴，因为那代表不同的意思。如果所寄信需要张贴数张邮票，应该贴一些在信封的背面。

准确填写

在信封上填写收信人邮政编码、收信人地址姓名、写信人邮政编码及地址姓名时，一定要准确、完整填写，以免造成错寄，产生一些原本可以避免的麻烦。

认真检查

信写完以后，一定要检查一下，看看有无遗漏、错别字等，如果有，就要马上纠正过来，遗漏的话应写在信末的附语里。还有一点要特别注意，同时写几封信时，不要把信封和信纸张冠李戴。

懂得书信礼仪中的禁忌

写信时禁忌用红笔或铅笔，那是表示与人绝交的意思。信不能开着口子发出去，如果别人让你带信时，应要求当面把开口封好，以表示谨慎、认真。

电子邮件也要精心构思，认真撰写

你身边的故事

暑假的一天下午，甜甜独自一人在家做数学作业，被一道应用题给卡住了。她想起数学老师李老师说过，假期有难题可以发到老师的电子邮箱里。于是甜甜打开电脑，开始给李老师写信。可是，对写信，甜甜却不太讲规矩，既没有称呼，也不问候，直接就把那道题敲了上去，然后，写了一句请老师尽快答复。

不到两分钟，甜甜就写好了信，然后，关掉了电脑，出去玩儿了。

可是直到晚饭的时候，甜甜也没收到李老师的回信。这时，家里的电话响了，是李老师打来的，说有事要找甜甜。甜甜刚拿起电话，就听李老师说道："甜甜，你发的邮件老师已经收到了，你说的这道题确实很难，老师算了快一个小时也没能算出正确答案。不过据老师推断，你们不会有这么大难度的题，所以请你再看一下你给我发的原始邮件，有没有写错的地方？"听完老师的话后，甜甜说："好的，李老师，我马上就去核对一下，然后给你打电话。"甜甜挂断电话，仔细一核对，发现自己果然写错了。于是，她拿起了电话，拨通了李

老师家的电话号码，然后说道："李老师，对不起，我太粗心了，把一个原本是 100 的已知条件错写成了 1000 。"听完甜甜的话后，李老师说道："甜甜，你怎么这么粗心啊？以后可不能再这样了。""对不起，李老师，我以后不会这样了。"甜甜在电话这头满脸通红地说。"好吧，老师马上重新去算，待会儿给你发过去。"说完这话，李老师便挂断了电话。

礼仪解读

电子邮件，又称电子函件或电子信函。它是利用电子计算机所组成的互联网络，向交往对象发出的电子信件。使用电子邮件进行对外联络，不仅安全保密，节省时间，不受篇幅的限制，清晰度极高，而且还可以大大地降低通信费用。但是，我们却不能因为它快捷、方便而不精心构思、认真撰写，如果那样的话，不仅不能准确传达你的意思，影响你与别人的沟通和交流，还会给人留下不好的印象。

另外，在撰写电子邮件时，尤其是晚辈向长辈或学生向老师通过电子邮件沟通时，也不可忽视书信礼仪，要体现出礼貌和尊重，而不能像故事中的甜甜那样。

跟我学礼仪

主题要明确

发送电子邮件时，只写与主题有关的内容，以节省时间。

内容要健康

给人发送电子邮件，内容一定要健康，不讨论或传播不健康的内容。

语言要流畅、文明

发送电子邮件的语言同写信的语言要求一样：语言流畅，不能

到处都是不通顺的句子；同时，语言要文明，不能使用攻击性、侮辱性的语言。

写作格式要正确

电子邮件同写信一样，也有自己的写作格式。比如，在邮件的后面一定要清楚附上详细的联系方式，包括姓名、电话、电子邮箱地址等内容。尤其要注意的一点是，发送电子邮件要注意编码，比如，当你给海外的亲人发送电子邮件时，必须要用英文注明自己所使用的中文编码系统，以确保亲人可以及时、顺利、准确地读到你发的邮件。

仔细检查

在发送电子邮件前，应该仔细、认真地把所写的邮件内容通读一遍，及时改正其中的拼写和语法错误。

发后通知收件人

尽量在发邮件以后通知对方，这样就不会使你的邮件成为"不速之客"而被一删了之。

不滥用电子邮件

在信息社会中，任何人的时间都是无比珍贵的，所以我们要懂得替他人节省时间，若无必要，不要轻易向他人乱发电子邮件。

讲究信用，及时回复

做人应该讲究信用，答应别人的事一定要尽量做到，收到别人重要的电邮后，应该及时、准确地回复。

电子邮件应当慎选功能

发送电子邮件时，应避免让自己的邮件修饰过多，否则会使其容量增大，收发时间增长，既浪费自己的时间，也浪费别人的时间。

接打电话都要文明

你身边的故事

今天是星期天，爸爸妈妈不在家。吃完晚饭以后，小明早早地坐在电视机前，看起了自己最喜欢的《铁臂阿童木》。

突然，电话嘟嘟地响了起来。响了六七声，小明才急匆匆地起来，跑到电话旁边，用力一把拿起话筒，大声说："找谁呀？快说！我忙着呢，要看电视！"电话那头是小明爸爸的同事赵叔叔。赵叔叔听到是小明的声音，就说："小明，你好！我是赵叔叔，找你爸爸有事情。你可以帮我去叫你爸爸接电话吗？"小明直勾勾地盯着电视机，过了半天才回答说："我爸还没回来呢！你等一下再打吧！"说完，他就猛地挂了电话，跑回电视旁边。

过了不久，小明的爸爸从外面回来了。小明还沉浸在电视节目当中，刚才赵叔叔打过电话来找爸爸的事情，也被他完全忘在了一边。一个小时以后，李叔叔再次打来电话，通知小明爸爸第二天早上的会提前到八点。爸爸马上说："好的，谢谢你，麻烦你了。"赵叔叔说："甭客气。对了，刚才我就打了一个电话找你，是小明接的电话。他没有告诉你吗？还有，他接电话时的态度不是很好，你应该教育他一

下。毕竟这种文明礼貌方面的事情,对他的成长非常重要。"爸爸一听心中又羞又愧,叹了一口气,说:"是啊。这孩子,这些基本的东西都不懂。都是我平时没有教育好,非常感谢您指出他的不是,这也是我的不是。他要是有什么不对的地方,还请多原谅啊。"赵叔叔说:"没关系的。他毕竟还小,不懂事。好了,没事情我就挂了。再见。"爸爸说:"再见。"然后爸爸轻轻地挂了电话。

礼仪解读

电话不仅是一种常见的通信工具,也是一种不可缺少的交往工具。很多时候人们之间的联系都是通过电话完成的。这就要求人们在使用电话时要时刻注意电话礼仪。因为,打电话是一种看不见的交流,对方通常会根据你在电话里的表现来判断你的修养和性格。

可是,现实中确有人对此不屑一顾,把电话礼仪看得很简单,不考虑电话什么时间打最得体,电话使用又该注意些什么,使用电话又有哪些技巧等问题。这就造成人们在享用电话所带来的便捷的同时,也不得不忍受随之而来的烦恼。比如说,当你忙碌的时候老有电话捣乱,当你正在做美梦的时候总被铃声打断……可见,电话礼仪真的没有那么简单,真的是大有讲究的。在电话交往中,小朋友们如果能做到彬彬有礼的话,不但会让你的爸爸妈妈脸上有光,你自己也会给别人留下有教养的印象,否则,就有可能耽误大人的事,或像故事中的小明那样给别人留下笑话。

跟我学礼仪

接电话礼仪

1. 要把握好接电话的时间

一般来说应该在铃声响了三下后拿起话筒。因为,如果铃声一响

就拿起电话，会让人觉得很唐突，没有心理准备；如果铃声响太久才去接，别人会很反感。要是有事耽搁不能及时接电话，则应该在通话时向对方说明原因，表示道歉。

2．通话后要进行礼貌交流

您好，我是 XX，请问这是 XXX 家吗？

您好，这是 XXX 家，请问您找谁？

进入通话状态后，我们就要注意文明用语了。比如，拿起电话说"您好，这里是 ××× 家，请问您找谁？"等。这里需要解释的是，先自报家门可以让对方知道自己打没打错电话。如果对方拨错了电话，你也要礼貌待人，简短地向对方说明情况后再挂电话。记住，遇到这种情况千万不能说脏话或是一句话也不说就挂了电话。

如果对方正是找你的，你就要诚恳地和对方交流。在交流中，你要一边认真听，一边做出应答，千万不能半天不说一个字，那样别人会以为你不在听。倘若对方找的不是你，而是家里的其他人，也就是说你是代别人接电话，这时你首先要确定被找的人在不在家。如果在家就说"请稍等，我去帮您叫他"；如果不在则应该说"他现在没在家，有什么事需要转告的吗？"或者"等他回来后我告诉他给您回电话好吗？"征得对方同意的时候，还要清楚地记下对方的姓名、电话等。

打电话礼仪

1. 要特别注意的是打电话的时间

你的电话可以说是对别人的打扰，所以最好不要选在别人休息的时间，比如，上午 7 点之前、晚上 10 点以后，以及中午午休时。

2. 打电话时的礼貌用语很重要

打电话时也要注意礼貌用语的使用，比如，"您好，我是×××。请问，这是 ××× 家吗？"等。如果对方说"你拨错了电话"，你应该向对方说"对不起，打扰了"，然后再挂电话。

3. 交流要礼貌，切忌煲"电话粥"

在打电话中不能煲"电话粥"，这样不但会耽误双方的时间，还会给人留下婆婆妈妈的印象。

挂电话礼仪

1. 挂电话的时候，应恭恭敬敬地和对方说一句"再见"。

2. 如果对方是自己的长辈，比如父母、老师等，不管你是打电话的还是接电话的，都要让他们先挂。一般情况下，是打电话一方先挂。

3. 挂电话时，应先用手按断，然后再轻轻地放好话筒，不能用力一摔，吓对方一跳。

做客时，进门前后的礼仪不可忽视

你身边的故事

星期天上午，小童准备去班上的同学小波家玩。可是，他来到小波的家门前时却忘了小波家究竟是 801 号还是 802 号。

于是，他抬起手来对着 802 号门使劲敲了三下。只听见里面的人说道："谁呀，这么重敲门？"很快门就打开了，一个中年人出来见楼道里并没有他认识的人，便又问道："刚才谁在敲门啊？"小童一看不对劲，知道自己敲错了门，于是赶紧把头扭向一边，一声不吭。那个中年人问了半天，见没有人回答自己，便满脸不高兴地回到了自己的屋里，还随口说了一句："捣乱。"

待那人关好门后，小童又来到了 801 号门前使劲敲了三下。很快，门开了，出来的又是一个中年人，那人问："小朋友，请问你找谁？"小童说："我找我的同学王小波。"那人一听，笑着说："你找我们家小波啊，他在家，你快进来吧。"随后小波的爸爸朝屋内喊："小波，你同学来啦。"小波一看是自己的同学小童，也非常高兴，连忙

对小童说："小童，快进来啊，还愣在那干嘛。"

见小波在家，小童非常高兴，连鞋也没有换便直接进去了。恰巧，小波的妈妈刚拖完地，小童的身后留下了一串足迹。

礼仪解读

因为某事到朋友、同学家或是其他人家做客，进门前后的礼仪是很重要的。敲门，问好，这些简简单单的事，会直接决定你给别人留下什么样的第一印象。如果你真的是有事去登门拜访的话，这第一印象很可能会影响到你的拜访效果。

跟我学礼仪

做客要选择恰当的时间，着装要恰当

1. 拜访时间可选在假日的下午或平时晚饭后，要避免在吃饭和休息的时间登门，以免对别人造成打扰。

2. 拜访前，应尽量告知对方，并约定一个时间，以免扑空或打乱对方的安排。

3. 约定时间后，不能轻易失约或迟到。如真有特殊情况不能去，也要设法通知对方，并表示歉意。

4. 一般性的拜访，衣着简单、朴素、大方即可，但一定要保持整洁。蓬头垢面、衣冠不整是对主人的不敬。

敲门有讲究

1. 进门前应轻敲房门，有门铃的要按门铃，即使门已经是开着的也要这样做。切不可风风火火地贸然闯进去，把人家吓一跳。

2. 敲门时，一般不超过三下。轻轻敲过三下后，要耐心等待。

不要等一下门没开，就又连续猛敲或是用脚踢门。

3．如果到住单元楼房的人家做客，在敲门的同时，呼喊一下主人的名字更好。

4．当敲过几次而没人来开门时，应想到被访者家中可能无人，就不要再敲了，以免影响到别人家。

5．如果敲错门，应马上礼貌地向对方道歉，说声"对不起"。切忌一声不吭，毫无表示，扭头就走。

进门后的礼仪

1．进门后，应征询一下主人是否应该换鞋，以免自己的鞋弄脏主人家的地板。

2．随身带来的外套、雨具等物品应搁放到主人指定的地方，不可任意乱放。

3．应及时向主人问好，同时向主人介绍自己。如果主人家里人较多，在向别人问好时，一定不要弄错了称呼，一般来说，应该从最年长的长辈开始问好。

4．如果你随身带有准备送给主人的小礼品，进屋后应马上送给主人。

5．主人给你端茶、拿糖果招待你的时候，应起身或欠身双手接过，并说声"谢谢"，若敬烟，作为学生应婉言谢绝。如果主人问你话，你不但要用心听，还应认真回答，切不可爱理不理。

做客时不能太随便

你身边的故事

　　星期六的上午，妈妈带着小锋去一亲戚家做客。到达之后，妈妈就和亲戚李阿姨聊起了天，小锋坐在旁边实在闲得无聊，随手拿起旁边的电话拨通了同学小雪家的电话，两个人开始聊起来。说到高兴处，小锋还不时发出哈哈的笑声，以至于他的声音完全压倒了妈妈和李阿姨两人的声音。这时，小锋的妈妈才意识到，立刻制止了他，并让他向李阿姨道了歉。刚坐一会儿，小锋又觉得十分无聊了，便从沙发上站了起来，一会儿走到窗前远望，一会儿又跑到厨房看李叔叔做饭。他还突发奇想，决定去表弟的屋子里看看有没有什么好玩的东西。进去之后，东瞧瞧西望望还是没能发现，小锋便悄悄地退了出来。这时，小锋又想去李阿姨的卧室看看，于是他便伸手去推李阿姨卧室的门，可是这门是锁住的，不管他怎么用劲也打不开。正在他急得满头大汗时，妈妈和李阿姨同时看见了小锋的行为，李阿姨笑着问："小锋，你开李阿姨卧室的门干吗？"小锋不好意思地低下头，轻声地回答道："我想找好玩的东西。"妈妈接着说道："小锋，你今天太不像话了，卧室是睡觉的地方。你怎么能随便进入别人的卧室呢？"看着小锋妈妈生气的样子，李阿姨说："不要责怪小锋了，他还小，不懂事。"说完，李阿姨便叫小锋来她的身边坐。

礼仪解读

做客，是日常交往中非常常见的一种交际行为，是一种有主客之分的人情往来活动。通过探亲访友、结交新知，我们可以调节紧张的学习，扩大视野。这就需要我们懂得做客之道。

按照实际情况，我们可以把做客分为几种情况，比如，初次登门拜访、老朋友串门、应邀赴约聚会、有事求助于人等等，情况不同，礼节会有所不同。不过，无论何种情况，作为客人的身份都是一样的，都要秉承一定的做客礼仪，不能像在自己家里那样为所欲为。除了这些最起码的礼节，还有一些细节性的东西应该引起小朋友的注意，比如说着装、敲门、进门、告别等言谈举止，都要按照做客礼仪的要求去做。前面故事中的小锋就犯了许多细节上的错误，结果不但冒犯了主人，还给别人留下了不好的印象。

跟我学礼仪

不乱动东西，乱跑乱闹

要想使用主人家的东西，比如，电话、电视等，一定要在征得主人同意后方可使用。同时，还有一个细节也须注意，使用主人家的电话不能时间过长，最好不超过三分钟，也不要打长途。如果主人家只有你和自己的伙伴在屋里，切不可和自己的小伙伴在屋里调皮捣蛋，当然更不能在别人屋里随便乱翻。如果你在主人家留宿，要保持房内整洁。晚上睡觉前，应该跟主人道一声晚安，早上起床后自行整理床铺。

不随便进入主人卧室

卧室是睡觉的地方，同时还可能有主人的一些隐私，所以最好不要随便进入主人卧室。如果确实想进去看看，一定要先征得主人同意方可进入。进入后不要乱翻里面的东西，所待时间也不要过长，一般来说不要超过三分钟。

进入房间记住敲门

现在的家庭房屋多是套式结构，当你要进入的房间房门紧闭，你也不知道里面是否有人，此时你就应该先敲门，获得允许后再进入，切忌不敲门就推门而入，否则是非常不礼貌的。

多赞美，少抱怨

做客时看见主人家里干净的地板、摆放整齐的家具、优美的壁纸，可以对主人进行赞美，这也是你尊重主人的一种方式。比如，你可以说"你家真漂亮"、"你家真干净"这类的话。不要抱怨主人所在地区环境天气不好、食物不好吃，同时对主人提出的各种活动提议，不要轻易拒绝。应该学会懂得如何消磨时间，如果实在没事可干，你也可以帮助女主人做做家务。

礼貌告别

做客过程中，如果主人家有新客人来，或主人有疲劳感，或有家人来提示有什么急事要办等情况时，应该适时提出告辞。告辞时应对主人及家人的款待表示感谢，同时礼貌地邀请别人有时间能到自己家里来玩。如果主人家有长辈，应先向长辈告辞。

客人来访，热情接待

你身边的故事

周六晚上，晓军正和爸爸一起看电视剧《宝莲灯》。这时，门铃响了。

在爸爸的再三催促下，小军才去开门。开门一看，是邻居张叔叔。晓军没跟张叔叔打招呼，转身就进了客厅。晓军爸爸一见是张叔叔，热情地起身和张叔叔握手，红着脸说："这孩子，一点礼貌都没有，来人也不知道打招呼，晓军，快叫张叔叔。"晓军不情愿地嘟囔了一句"张叔叔"后，就一屁股坐到了沙发里。

晓军爸爸说："晓军，到那边坐，让张叔叔坐这儿。"晓军说："凭什么啊，我还看电视呢。"

爸爸有些生气了，让晓军去厨房拿个小凳坐那边自己去看。晓军见爸爸生气了，就去厨房拿了个小凳坐在了电视机前。

爸爸给张叔叔倒了杯茶水，开始和张叔叔谈工作上的事情。晓军继续看着《宝莲灯》。看到关键处，晓军哈哈大笑起来。爸爸让晓军小声点并把电视机的声音也关小。

晓军却说："小声点儿我还怎么看啊？"

爸爸无奈地摇摇头说："这孩子都让我给惯坏了。"张叔叔说："没关系，小孩子都这样，事情谈完了，我也该回去了。"

张叔叔站起身来。爸爸说："晓军，快跟叔叔说再见。"晓军不耐烦地说了声"张叔叔再见"，眼睛依然盯着电视机。

爸爸叹着气把张叔叔送到了门外。

礼仪解读

居家过日子，有客人来访是很常见的事情。待客是社交活动中一项不可缺少的礼仪活动。小朋友也是一样，也会有招待客人的时候。在待客过程中，小朋友们要以诚相待，关怀备至，热情周到，让客人有到家的感觉。尤其是当父母不在家时，小朋友就要以主人的身份待客。

日常的待客之礼包括请客人进门、向客人问好、请客人就座、为客人倒水、有礼貌地与客人交谈、不打扰家中的大人与客人谈话、客人走时送客人出门并说"再见"等，只有掌握了这些细节，小朋友才算学会了待客礼仪，才有可能成为有礼貌的孩子。

故事中的晓军给我们的印象就是没礼貌，如果不懂得待客之道，难免会在日常生活中出现不雅的行为，遭人笑话。

跟我学礼仪

待客礼仪细节

1. 客人来访，要事先有准备，把房间收拾整洁。

2. 无论亲戚、朋友或同学来访，进家门后都要热情迎接，主动称呼。如客人提有重物或雨伞，应主动帮助接提。

3. 如是长辈亲戚来找父母的，要帮助父母安排座位、递茶后方可告辞离开，如，离开时可说"叔叔，我去做作业了，您和爸爸慢慢

聊"等。待父母送客时应与客人说"再见"。如父母不在家，要以主人身份接待客人。

4．如是长辈亲戚看望全家的，那就应该在一起坐坐聊聊，如，"爷爷，您这么大年纪还来看我们，真是不好意思"，"爷爷身体可好？"……

5．如是平辈亲戚或是自己的同学、朋友来玩，就应以小主人的姿态来接待，把最佳座位让给客人，并以糖果、玩具、图书等来招待小客人。如果自己的朋友是初次来访，就应给父母逐个介绍。

6．父母的朋友带小孩子来访，应同小孩一同玩，或给他讲故事，和他一起听音乐、看电视。

7．吃饭时，同学、朋友来访，应主动邀其一起用餐，如果客人申明已吃过，应放下饭碗陪客，或征得客人同意自己继续吃饭，但也要先安排朋友就座，找些书报给客人看，免得客人有受冷落之感。

待客中的不良表现

1. 当客人来访时，你蓬头垢面，只穿着短裤、内衣甚至赤身裸体在客厅行走。

2. 客人进门时，你仍是我行我素。正在吃饭时也不放下碗筷招呼客人，正在躺着休息时也不马上站起来表示歉意。

3. 客人进来了，而你却大模大样霸占着主座，茶几上则都是你摆弄开的乱七八糟的物品，而且你一点儿马上收拾它们的意思都没有，令客人几乎难以入座。

4. 家长正与客人谈话，而你仍旁若无人，电视机、收录机照看照听，打扑克、吹口琴照常进行，室内嘈杂得像个"大集市"，一刻也不安宁。

5. 与客人谈话时心不在焉，答非所问，或者一边做作业、一边看电视一边与客人交谈，有一句没一句的。

6. 把客人拎上门的礼品当场打开，连客人随身带的物品也错当作是送自己的礼品，随意乱翻乱弄。

7. 当家长把第一次登门的客人介绍给你时，你却对来客视若不见，爱理不理。

饮茶敬茶有规矩

你身边的故事

周五的晚上，琪琪妈妈的同事来家里做客，妈妈让琪琪去倒茶。

妈妈一连说了两遍后，琪琪才从沙发上站了起来，从客厅的壁柜中拿出了茶叶罐，然后用左手手指叉住两个杯子的杯口把它们放在了王阿姨和妈妈面前的茶几上，接着用手从茶罐中抓了一小撮茶叶分别放进了杯子中。恰巧，王阿姨目睹了琪琪的这一系列动作，不由自主地皱了皱眉头。

放好杯子后，琪琪提起水壶就来到王阿姨的正对面，分别把王阿姨和妈妈的杯子倒得满满的，随后说道："要是想续水的话自己倒吧，我看电视去了。"琪琪的妈妈见状，不好意思地说："这孩子，真没礼貌。"

王阿姨和琪琪妈妈谈完事情后就告辞了。但面前的那杯茶水，她自始至终都没喝过一口。

礼仪解读

饮茶，不仅是中国人的一种生活习惯，而且在长期的发展中已经

形成了一套独具特色的礼仪。以茶敬客，是自古形成的重情好客的礼俗，晋代王蒙的"茶汤敬客"、陆纳的"茶果待客"、桓温的"茶果宴客"，至今仍传为佳话。

宾客临门，一杯香茶，既表示了对客人的尊敬，又表示了主人的至诚心情。按照我国传统文化的习俗，敬茶的礼仪是不可忽视的，比如，饮茶的地点、选择的茶具、泡茶和敬茶时的姿势等都应该合乎礼仪。否则，不仅会被人认为没有礼貌、没有教养，还可能得罪、伤害来访的客人。故事中的琪琪既缺少必要的待客礼貌，又不懂得敬茶礼仪——用手指捏杯口、用手从茶罐中抓茶叶、在客人面前倒水、把杯子倒得满满的、让客人自己续水等，这些做法既不卫生，又不合"礼"，所以王阿姨才自始至终滴水未沾。

同样，对于客人来说，也存在着饮茶的礼仪。品茶不在量而在质。这实际也是在告诉喝茶人，尤其是在别人家做客的喝茶人，一定要注意自己的饮茶形象，喝茶在品，不能大喝，不能喝太多。

跟我学礼仪

依季节选择合适的茶饮

一般来说，不同的季节有不同的饮茶习惯。可能的话，应备好每个季节适宜喝的茶叶，且应多准备几种，以便客人有多种选择。

不要当着客人的面取茶冲泡

在客人坐定后，应询问其喝什么茶，得到答复后，及时为其冲泡，但不能当着客人的面取茶冲泡。

选择家中最好的茶叶

所选茶叶必须是家中所存茶叶中的上品。如为极品，还应事先向

客介绍一下此茶的来由和特点，以引起客人对此茶的兴趣。

要注意讲究卫生

饮茶的地点，应尽可能打扫得干净；选择的茶具和用水必须清洁卫生；在冲泡茶叶时，切忌用手抓茶叶，以免手气或杂味混淆影响茶叶的品质，而应用勺子，或是直接将茶叶从茶罐中倒入茶杯、茶壶中；在为客人泡茶、送茶的过程当中，不要让手指触摸到茶杯的杯缘，那样会弄脏杯口，这是极不卫生的，也是不尊重客人的表现。

不要将茶泡得太浓

一般来说，不要将茶泡得太浓（客人特别要求除外），因为从医学的角度看，浓茶不利于身体健康。

不要将茶杯盛满，也不要为客人奉凉茶

我国早就有"茶满欺客"的说法，给客人斟茶时不应斟得太满，否则便有赶客之嫌了。同时也不能为客人奉上凉茶，那是不尊重客人的体现。

讲究次序

如果来的客人较多，奉茶时应该讲究"先宾后主"、"先老后少"的顺序。

将茶杯放在客人方便取拿之处

在为客人奉茶时，不能把茶杯放在离客人很远或是很近处，而应用双手将茶杯放在客人右上方 20 厘米处。

勤斟茶，勤续水，并要注意动作姿态

应该为客人勤斟茶、勤续水，不能对客人不闻不问，那有赶客之嫌。在往高杯中续茶水时，应用左手小指和无名指夹住高杯盖上的小圆球，用大拇指、食指和中指握住杯把，从桌上端下茶杯，腿一前一

后，侧身把茶水倒入客人杯中，不能面对客人续水、斟茶。

正确端放

在端茶杯时，应用右手扶住杯子二分之一处，左手在下方托着茶杯，不要太靠近自己前胸，放茶杯时应轻，先将小拇指压在杯底再放杯。

饮茶不能太急

做客期间，不论口渴不渴，最好都喝一点，以示对主人的尊敬。不论是主人还是客人，都不应大口吞咽茶水，或喝得咕咚咕咚直响。应当慢慢地一小口一小口地仔细品尝。遇到漂浮在水面上的茶叶，可用茶杯盖拂去，或轻轻吹开。切不可以手从杯里捞出来扔在地上，也不要吃茶叶。

及时表示感谢

作为客人，当主人敬茶时，应伸出双手接茶，并向主人道一声"谢谢"；告别主人前，最好将茶杯中的茶水喝完，以示对主人茶水的赞赏和自己的谢意。

第三章
用餐礼仪

长辈优先，客人优先

你身边的故事

　　星期五的晚上，小冰舅舅和爸爸的同事张叔叔、陈叔叔不约而同来到小冰家做客。这让小冰的爸妈非常高兴。

　　安排客人们坐好后，小冰的爸妈要去做饭，就让小冰招待客人。可是，小冰却拿起一本卡通书看了起来，让客人们独自坐在那里。舅舅起身去拿杯子倒茶水。刚倒好，小冰便从沙发上站起来，拿过一杯放在自己的面前，然后又回到自己的位子上。

　　很快爸妈便做好了饭，让小冰带客人们到饭厅用餐。小冰却坐在沙发上喊道："舅舅，叔叔，吃饭了。"说完他便起身向饭厅走去，也不管客人们是否已经站起。一到饭厅，顾不得安排客人就座，小冰便抢先坐到了上位之上。爸妈让他跟舅舅换座位，可他死活不肯。当菜上齐以后，还没等爸妈招呼客人们先用，小冰便迫不及待地把自己喜欢吃的菜全部转到自己跟前，盛上满满的一碗，大吃起来。吃完以后，小冰又开始转动桌面转盘，寻找自己喜欢的菜。看着小冰这个样子，爸妈的脸上一阵青一阵红，好不尴尬。

礼仪解读

对于小朋友来说，用餐的场合应该是很简单的，比如，跟家人一块儿，有客人在场，跟父母在餐馆，到别人家做客吃饭，参加一些家庭聚会等。一些必要的、基础的用餐礼仪，比如说，长辈优先、客人优先等，小朋友们还是应该遵从的，否则就会惹人笑话。

看完上面的故事，小朋友们有何感想？自己平日是不是也和小冰一样呢？如果那样的话，说明你还是一个不太懂礼貌的孩子。你可得要注意了，以免让父母难堪。

跟我学礼仪

不抢先入座，要请长辈先坐下

无论是在自己家中或是去别人家中做客就餐时，一定不能抢先入座，而应让长辈、客人先入座。待长辈、客人坐好后，你才可以去坐你自己的位子。

不先动食品，长辈动筷后再动筷子

当菜上齐后，不能一看见有自己喜欢吃的菜，就不管长辈、客人是否动筷，先自己吃起来了。在做客时尤其要注意这一点，不能先动桌上的食品，因为这样做是没礼貌的表现，也会被别人视为没教养。

主动为长辈、客人夹菜

不能一看见自己喜欢的菜就忘乎所以，应主动给长辈、客人们夹菜，或是把菜转到长辈、客人们方便夹的位置。

坐在自己该坐的位置上

你身边的故事

星期六的上午，妈妈带着小静去同事肖阿姨家做客。到了中午，肖阿姨的丈夫李叔叔做好了午饭，于是便让肖阿姨招呼小静和妈妈以及肖阿姨的爸妈到饭厅吃饭。

一进饭厅，没等肖阿姨安排，小静便抢先坐到正对门的座位上，然后趴在桌子上等着上菜。平常这个位置都是肖阿姨的爸爸或妈妈坐的，今天由于小静抢先坐了，两位老人只好分别坐在了小静的两边。

妈妈洗完手走进来一看，赶忙叫小静下来。可是，小静根本不听妈妈的话，妈妈就伸手去拉，小静双手紧紧地抓住桌面不松手。肖爷爷和肖奶奶见状后，就对小静的妈妈说："不要拉她了，小静还小，就让她坐那儿吧。我们坐哪里都一样，没事。"小静一听爷爷奶奶如此说，就更加不下座位了，还怪妈妈多事。可是她哪里知道，妈妈这时候已经是满脸通红了。

礼仪解读

在用餐礼仪中，座位的排法是非常讲究的，什么人该坐什么位置，

已经是约定俗成的礼仪了。这些对于小朋友来说，也是需要留心学习
的。当长辈们教你怎么做的时候，你一定要用心记住，这个时候你可
千万不能不听长辈的话，否则小的时候别人不会说你什么，顶多说你
小，不懂事。可是等你长
大以后还这样的话，人
家可就会瞧不起你了。
试想一下，如果小静懂
得一点就餐时的礼仪，
她的妈妈还会当众满脸
通红吗？

　　就餐时坐在哪里非
常重要，每个人都应该
坐在该坐的位置上。在我国，一般说来，
"尚左尊东"、"面朝大门为尊"是座次的基本原则，这样的位置应
该算作是首席，既然是首席应该由辈分最高的长者来坐，辈分低的人
则应该坐在与之相对的末席。

　　除了这一原则，座次礼仪中还有许多细节，比如入座的姿势等，
也需要小朋友们注意。只有做好每一个细节，你才能算作是一个懂礼
仪的好孩子。

跟我学礼仪

就座礼仪

1. 入座时应从椅子的左侧入座。当椅子被拉开后，身体在几乎
要碰到桌子的距离站直，领位者会把椅子推进来，腿弯碰到后面的椅

子时，就可以坐下来了。

2．不能把椅子拖得远远再入座，也尽量不要让椅子或凳子与地面摩擦。

3．入座后不要动筷子，也不要起身走动，更不要弄出什么响声来。如果有什么事要向主人打招呼。

4．不要随便、频繁地离开自己的座位。若不得已，需中途离席，须向主人表示歉意并说明原因。

座位次序有讲究

1．两人同坐一排时通常以左边的位置为下座，以右边的位置为上座。

2．三人同时就座用餐，中间的位置在位次上高于左右两侧的人。

3．多人用餐时，一般来说面朝东面和面门的位置是上座，而东面的下方和背对门者是下坐。

4．就餐时宾主双方并排就座，并没面对房间的正门，而是居于房间的某一侧。这种情况下，以远离房门的座位为上座，应请长辈或客人就座。而以距离房门较近的位置为下座，应由主人就座。

5．在一些档次较高的餐厅里，室外往往有优美的风景，室内有一些别具特色的演出，以便用餐者欣赏。这种情况下，观赏角度最佳的位置是上座，背对窗口或是远离窗口和表演的位置是下座。

6．在一般的普通餐厅里，靠近墙的一方是上座，位于过道两侧的位置是下座。

用餐时坐姿要自然

你身边的故事

　　一天，小强和妈妈去邻居王阿姨家做客。一阵闲聊之后，就到了午餐时间，于是，王阿姨带着他们来到饭厅准备用餐。看着满满的一桌菜，还没等主人安排，小强便拖过一把椅子，重重地坐在了上面。由于王阿姨正在接一个长途电话，于是全桌的人都等着她来了一块吃。一分钟过后，王阿姨还没有来，小强有点不耐烦了，便把脖子仰靠在椅子上，一副无精打采的样子。三分钟后，王阿姨来到了餐桌上，于是大家开始吃饭。刚吃不到两分钟，小强觉得把腿整齐地放在桌下十分不舒服，于是就跷着二郎腿，并用脚尖不停地敲打着地板。随后他又改变自己的坐姿，身体歪歪斜斜地对着餐桌。每次夹菜时，他总是把自己的手肘放在桌面上，像吊车似的把盘里的菜慢慢夹到自己的碗里。在暂停用餐相互闲聊时，小强一会儿趴在桌上听大人们闲聊，一会儿用筷子去拨弄盘里的食物，有时甚至还用手不停地搔自己的脑袋。很快，小强就吃饱了，于是把头向后一仰，双手高高举起，靠在椅子上伸了一个大大的懒腰，随后又弯腰驼背地瘫坐在椅子上。

　　妈妈看见小强如此不懂礼貌，心里非常不高兴，便对他说："小强，看你坐成什么样子，赶紧坐好！"小强对妈妈的话却充耳不闻，

还说这样坐舒服。看着小强如此固执，王阿姨连忙对小强的妈妈说道："算了，孩子还小，由他吧。"话虽如此，王阿姨说完后却轻轻地摇了摇头。

礼仪解读

俗话说，站有站相，坐有坐相。这一点在就餐时也有要求，那就是要恰当得体。

小朋友们，不注意就餐礼仪，在你们小的时候可能还显不出什么危害来，可是等你们长大了就会知道，不懂就餐礼仪会让你们丧失很多机会，甚至会让你错过成功。

故事中的小强应该属于就餐坐姿不合格的典型例子，怎么舒服怎么来，对自己一点约束都没有，结果自己是舒服了，别人看着却很难受，尤其是他的妈妈，在别人诧异的目光中，除了为自己没有教育好孩子而自责外，恐怕就只剩下脸红了。所以，小朋友们在平时的为人处世中可不能这么自私，要多替别人想一想，多想想自己的所作所为是不是合礼仪，会不会引起别人的笑话。

跟我学礼仪

1. 当你坐在自己的位置上后，表情要自然大方，双脚应并拢平放在地上，腰要挺直，目光平视前方。

2. 不能做一些很柔弱的动作，比如用手把头撑住，放在桌子上。

3. 不能显得局促不安，不知该把手脚放在哪里，一会儿搓手，一会儿又跺脚等等。歪来倒去或斜靠在椅子上，当然不是好的吃相。

4. 身体要保持挺直，两脚齐放在地板上，双眼正视前方，别垂头逃避对方的视线。

5．手腕可自然地放在桌子边缘上，椅子距桌边的距离不宜太远。整体坐姿应保持自然、舒适。

6．当你坐在座位上时，由于某种原因不能及时开始就餐，这时，一定不要做出一副无精打采的样子，那样既是不尊重其他客人的表现，也容易令人产生误解。

7．当你端坐在座位上后，不要做一些其他的多余动作，比如，把手臂拐到椅背或桌子上或者偶尔把脖子靠在椅子上，这既不雅观，也会影响别人的食欲。

8．当用餐暂停时，一定要注意双手的摆放，此时不要用手拨弄盘中的食物，或玩弄头发。你可以把双手放在桌面上，以手腕底部抵住桌子边缘。

9．可把手放在桌面下的膝盖上，并让双手保持静止不动。吃东西时手肘最好不要压在桌面，这样既不方便自己夹菜，也会给人一种有气无力之感，给人留下不好的印象。

碗碟轻放轻拿，
摆放整齐

你身边的故事

一天，小云妈妈的同事刘阿姨来小云家做客。很快便到了吃午饭的时间，爸爸把小云叫到了厨房，让她把餐桌收拾一下，然后把碗筷碟摆好，准备吃饭。小云说了声"知道了"，便从爸爸手上接过餐布向饭厅走去。进去以后，小云随便地把餐布往桌上一铺，也不管桌面是否整齐，便去厨房拿碗筷碟。碗碟拿过来后，小云没有把它们一一摆放在每个座位前，而是让它们高高地叠放在一起，筷子也没有摆放在碗的旁边，而是散乱地扔在了桌子上。放好这些后，小云就去客厅对刘阿姨和妈妈说："刘阿姨，妈妈，吃饭了。"当刘阿姨和妈妈走进饭厅，看见桌上凌乱摆放的餐具时，不禁相视一笑，知道这准是小云干的。看着刘阿姨和妈妈脸上的笑容，小云顿时满脸通红。

礼仪解读

用餐礼仪中，有关餐具的事项包括两方面，一是如何摆放，二是如何使用，这两点都很重要。对于主人来说，餐具摆放不到位既是对客人的不尊重，也会招来别人的嘲笑。对于用餐者来说，在用餐过程中胡乱使用餐具，毫无讲究，也会让人感觉举止不雅，没教养，甚至倒胃口，影响食欲。

小朋友们在用餐时，有没有犯过这样的错误？如果有，那可得好好学习用餐礼仪了，否则会引起误会，甚至伤害了主人你还不知道呢。

跟我学礼仪

餐具摆放与使用细节

1. 无论是碗筷碟还是勺子，都应轻放轻拿。如果弄出很大的声音，容易产生误会。如客人可能会认为你是在借此发气，或认为你不欢迎他们的到来。

2. 中餐的餐具摆放较为简单。碗应放在每个座位的正前方，距离桌边大约五厘米；碟子应放在碗的右上方；筷子可以放在碟的下方或碗上；汤勺可以放在碟子里面。

3. 无论是中餐还是西餐，一些共享餐具或调味品都应摆放在桌子的中央。比如，装盐或胡椒粉的小瓶。

4. 每个人面前的盘或碟，一般来说是用来暂放从公用的菜碟里取来享用的菜肴的。

5. 餐桌上的水杯主要是用来盛放果汁、可乐、清水等软饮料的，

所以不可用它来盛酒，也不能把它倒扣在桌子上。

6．不能用杯中的水来漱口，然后再吐回杯中，那样做是极其不雅的。

7．用餐完毕后，应把筷子整齐放在自己碗的正中央。吃完后，不要把筷子随意放在桌面上，这样会给主人收拾带来不便，同时也会使整个桌面显得凌乱不堪。

餐巾使用细节

1．无论是中餐还是西餐，餐桌上的餐巾主要用来防止弄脏衣服，擦嘴及手上的油渍。不能用它来擦汗、抹脸，切忌用餐巾擦拭餐具。

2．餐巾摊开后，不要把它围在脖子上，也切勿系入腰带，或挂在西装领口，而应放在双膝上端的大腿上。

3．暂时离开时，应将餐巾放在自己的椅子上，不能将餐巾放在桌上，那表示你不再回来用餐。

餐桌上的夹菜、
添饭有讲究

你身边的故事

暑假的一天，小华和爸爸去王叔叔家做客。中午的时候，王叔叔做了满满的一桌菜来招待两位客人。在所有人都坐在位置上后，还没有等王叔叔说"开始吃吧"，小华就抢先伸出了筷子。爸爸赶紧对小华说："小华，你怎么可以这样，太没有礼貌了！"小华却说："哎呀，人家饿嘛。"

在吃菜时，小华总喜欢从盘子中间或是靠近别人的一边夹起。每次夹菜，他也总喜欢夹上大大的一筷子。为了寻找自己爱吃的虾仁儿，他用筷子在盘子里翻来倒去地找，把菜弄得满桌都是。这时，小华突然看见了自己爱吃的虾仁正在对面的王叔叔面前，于是马上站起来，伸出筷子就去夹。由于虾仁儿太小，每次他总是夹不了多少，情急之下，也不管同桌的王爷爷正在夹虾仁儿吃，小华抓住桌面转盘就是一个猛转，结果把王爷爷筷子上的虾仁儿弄得满桌都是。

爸爸看见后，严厉地对小华说："小华，你太让我失望了！"可小华却把爸爸的话当作耳边风，待虾仁儿转到自己的面前后，小华干脆把盘子端到自己跟前，风卷残云般地把那盘虾仁儿吃得精光。

礼仪解读

餐桌上的夹菜、添饭是很有讲究的，有很多的细节需要我们注意。

在饭店吃饭，服务员上菜时，竟然把手指头伸进了菜里，结果让用餐的人大发雷霆。当然，这么不讲卫生谁还吃得下去呀。小朋友们，你们在给别人夹菜、盛饭、端汤的时候，有没有注意到这一点呢？是不是你的大拇指也喝过菜汤呢？

饭桌上为别人夹菜、盛饭这个话题，还有另一层含义，就是吃饭的时候，要想到照顾别人，尤其是客人，千万不能自顾自地吃，而冷落了客人，尤其是有长辈同在的时候，我们更应该注意这一点，千万不能给人留下"吃起饭来就不顾别人"的印象。

跟我学礼仪

在餐桌上要懂得照顾客人

1. 当菜上齐后，不能一看见有自己喜欢吃的菜，就不管长辈、客人是否动筷，先自己吃起来。

2. 不能一看见自己喜欢的菜就忘乎所以。应主动给长辈、客人们夹菜（夹菜要用公筷），或是把菜转到长辈、客人们方便夹的位置。

3. 主动给长辈夹菜、添饭，但每次不宜过多；当长辈给自己夹菜后，晚辈应马上对长辈说谢谢。

4. 给人添饭时，如果别人没有说明添多少，不能添得过多，也

不能添得太少，添平碗口即可。

5．给人添饭时，尤其要注意卫生，不能用拇指扣住碗边或是让拇指碰到饭上。正确的做法是用手捧住碗的下部，轻轻地给别人。

6．当你与少数民族的长辈、朋友同桌吃饭时，一定要尊重他们的信仰，注意他们的禁忌。

7．如果桌上还有人用餐，即使你用餐完毕，也不能马上下桌，而应坐好略陪大家一会儿，或者说句"我用好了，请慢慢用"，然后再离座去别的房间休息。

吃要有吃相

你身边的故事

有一天，爸爸带着小文去参加单位同事老张的生日。

刚一入座，小文便把身子倾向一边，双腿盘在椅子上，爸爸让他赶紧坐好，小文却充耳不闻。看着满桌的客人，爸爸也不好呵斥小文，只得由了他。待菜上齐后，客人们便一起吃了起来。看见自己喜欢吃的糖醋排骨后，小文马上拿起筷子，伸长脖子，张开大嘴，伸着舌头，把好几块排骨一起放进自己的嘴中，然后肆无忌惮地"啪啪"地咬了起来。咬碎之后，他张着装满排骨的嘴含糊不清地说："好吃，太好吃了！"这时，张叔叔又为桌上端来了一盆带汁的水煮鱼，小文马上从椅子上跳下来，伸出自己的勺子，舀了满满的一勺汁直接往嘴里送，结果把汤汁洒得满桌都是。那水煮鱼刚煮好，很烫，小文刚把那满满一勺带汤汁的鱼片倒进自己的嘴里，就被烫得吐了出来。同桌的客人看见小文这个样子，纷纷笑了起来，并对他说："小文，不急，不要烫着了。"看着儿子如此的吃相，爸爸气得一句话也没有说。过了一会儿，小文想吃一点儿饭，周叔叔就为他盛了一小碗。可他并没有端起碗来吃，而是伏在桌子上，嘴对着碗大口大口地吃了起来，把饭粒

掉得满桌满地都是。同桌的几位长辈看着小文如此的表现，都轻轻地摇了摇头。

礼仪解读

前面说了坐相，现在还要说吃相。这一点在用餐礼仪中太重要了。我们可以设想一下，坐在你对面的那位，甩开腮帮子猛吃，吃到兴头上还不管不顾，摇头晃脑，左顾右盼，宽衣解带，汤汁横流，响声大作。小朋友们心里会怎样想他？说不定你会在心里暗暗地笑话他："跟没见过吃的似的，真没教养。"

好的吃相，既是有教养、懂礼貌的表现，还会给人留下谦谦君子的好印象。同样，一个人如果吃相不好的话，肯定没有人愿意跟他同桌而食，因为他害怕别人会想："跟这种粗俗的人为伍的人肯定也高雅不到哪儿去。"因为丢不起这人，所以没有人会愿意与吃相不好的人做朋友。

小朋友们，如果你的吃相不好，又给人留下了不好的口碑的话，想必你会很伤心的，因为传扬开去你还怎么见人啊，所以，还是赶快改了吧。读完小文的故事，小朋友们的体会一定更深了。千万别跟小文学呦。

跟我学礼仪

夹菜时不要太自顾自

1．夹菜时，两肘应向内靠，不宜向两旁放开，碰及邻座。

2．夹菜时，应从盘子靠近或面对自己的盘边夹起，不要从盘子中间或靠别人的一边夹起。

3．在你夹菜的空当，与人谈话时，不能老把眼睛注视在菜肴上，

而应看着别人的眼睛。

4. 应等菜看转到自己面前时，自己再动筷，不要抢在邻座的前面，一次夹菜也不宜太多。一般来说，晚辈应主动给长辈夹菜，当长辈给自己夹菜后，晚辈应马上对长辈说谢谢。

5. 取菜舀汤，应使用公筷公匙。

6. 夹菜、吃饭时，尽量不要伸着自己的脖子，张大嘴，用舌头去接食物，这是非常令人恶心的食相，让人毫无胃口。而应用筷子轻轻

将菜看放进自己的嘴里，尤其是在你吃带汁食物时，切不可匆忙直接入口，而应先把它盛在自己的碗或碟中，再来食用。

7. 遇见自己爱吃的菜，不可猛吃一气，更不能把盘子端到自己跟前，大吃特吃，要顾及同桌的其他人。如果盘中的菜已不多，你又想把它打扫干净，应征询一下同桌人的意见，别人都表示不吃了，你才可以把它吃光。

8. 当你用勺盛菜或盛汤时，不能风风火火，以多半勺为最佳，取到食物后，可以在原处"暂停"几秒，这样可以避免掉得满桌都是菜与汤。使用勺子完毕后，不要随手放在桌面上，应该把它放在自己的碟子上。

9. 当你在用餐过程当中需要拿调味品器皿时，而恰好这些东西都离你较远，此时不能伸手到别人面前去拿取，这是不尊重别人的表现，你应该对离那些器皿较近的人说："麻烦你一下，请把 × × 递

给我。"然后再道谢。

吃菜时不要太不讲究

1．吃东西时，不要大张嘴，也不要大块往里塞东西，狼吞虎咽，这既是不雅的进食动作，也是不健康的饮食习惯。

2．吃东西时不能张大嘴巴咀嚼，或发出很大的声音。咀嚼食物时，应尽量闭着嘴，不要发出响声，如果不可避免，也应该尽量小声一点儿。喝汤、喝饮料时也不要发出"啊"的声音等，这都是粗俗的表现。

3．用餐时，遇到自己喜欢的菜肴，不要一次放太多进入嘴里，否则会给人留下贪婪的印象。要学会与人分享，同时考虑自己周围客人的感受。

4．吃饭时，应端起碗，用大拇指扣住碗口，无名指、中指、食指紧扣碗底，手心尽量空着。切不可伏在桌子上，用嘴对着碗吃饭，那样不但吃相不雅，而且会压迫胃部，影响消化，十分不利于健康。

5．当筷子上有残物时，切记不能用嘴去舔，而应用纸巾轻轻擦去上面的残余物。

6．当你口含食物时，尽量避免与人交谈。如果确实有事需要，应该把自己口中食物吞咽完毕后再与人交谈。

7．当众剔牙齿，是非常不礼貌和不雅的动作，最影响人的食欲。当不小心让牙齿上面附有食物残留物时，应该悄悄地用纸巾遮掩住嘴，然后用牙签剔除残留物，不能用手指去剔除残留物。

8．用餐时，不吃的残渣、鱼刺、骨头不能桌上、地下乱吐，而应把它们轻轻取放在你食碟的前端。取放时，不能端起食碟张嘴就吐，而应用筷子把它们从嘴中取出，再放到盘或碟中，当食碟或盘放满时，应及时换一个。

第四章
居家礼仪

尊重父母的隐私

你身边的故事

　　吃过晚饭后，田田先做完了作业，便来到客厅看电视。令他疑惑的是，以前每晚都会在此看电视的父母都不见了踪影。田田感到奇怪，他便蹑手蹑脚地走向爸妈的房间。到达门口后，田田把自己的耳朵贴在父母房间的门上，悄悄偷听起来。好家伙！爸爸妈妈果然在里面谈论着什么。但由于爸妈谈论的声音较小，田田几乎听不清楚他们在说什么。这时，田田一掌便推开了门。爸爸顿时被田田这个"突然袭击"惊得站了起来，妈妈则手忙脚乱地把一件东西藏在了抽屉里。看清是田田后，爸爸有点生气地说道："田田，爸爸不是教过你很多次了吗？进入别人的房间要先敲门！怎么又忘了？"看着爸爸不高兴的样子，田田也赌气地说道："谁让你们不把门关紧啊？"说完这话，他便往后一退，用力把门一拉，爸爸又被"砰"的关门声吓了一跳。

礼仪解读

在这个世界上，儿女是父母最亲近、最疼爱的人。作为儿女的我们要在日常的学习和生活中时时处处尊重我们的父母，而不能因为父母是最亲近、最疼爱我们的人就忽视了一些必要的礼仪。比如，随便乱翻父母的私人用品，进入爸妈的房间不敲门等。故事中的田田就犯了这样的错误。

面对爸妈房间紧关着的房门，田田先是偷听，随后干脆一掌推开了房门。在面对爸爸的责备时，他不但没有认错，反而还怒气冲冲地摔门而去。从田田的行为看，他连最起码的尊重父母的礼仪都不懂，显得很没有礼貌。在父母面前，田田任性一点，父母肯定会原谅他，可是，要是在外人面前别人会怎样看他呢？小朋友们一定要引以为鉴。

跟我学礼仪

1．不能在敲门时应声而入，而应该站在门外静心等待，直到得到父母的允许后方可推门进入。

2．如果父母恰巧在谈话，应该静静退出，待他们谈话完毕后再进入。

3．不能趁父母不在家而偷偷进入他们的房间，翻看他们的私人物品和用品，更不能随便使用父母的私人用品，比如父亲的香烟。

4．如果实在想翻阅父母的一些私人用品，应该先征询他们的意见，得到允许后方可翻阅，在翻阅完毕后，应该及时将它们放

回原位。

5．如果想法、提议未得到父母同意，也不要因此而和父母闹情绪。

6．离开父母房间时，应随手将房门轻轻关上，不能粗暴、用力地关上门，否则也是不尊重父母的表现。

7．每个人都有自己的秘密，父母也不例外，作为子女，我们应该尊重父母的隐私。

8．不该问的、不应知道的，就不要追问父母。

9．不干涉父母的生活方式，如果他们的一些生活方式的确不科学或不健康，也应委婉、有礼貌地提出。

10．作为儿女，应该自觉维护父母的名誉和尊严，不能做有损父母名誉和尊严的事，这不但是子女义不容辞的责任，也是我们必须遵守的礼仪。

不要让父母担心

你身边的故事

有一天，天快黑了，玲玲还没有回家。爸爸正好出差了，妈妈焦急地等待着，给她几个要好的同学打电话，可她们都说没见过玲玲。妈妈只好请一个邻居帮忙陪她一起去找女儿。

这时天已经黑了，玲玲妈妈的腿脚又不好，两个人深一脚浅一脚地几乎找遍了所有认识的人家，还是没有找到。玲玲妈妈着急得坐在路边直哭。

也实在没别的办法了，在邻居的提醒下，玲玲妈妈就报警了。可是警察也不可能一接到报警就把玲玲找到，玲玲妈妈只好在家里焦急地等。

差不多到了第二天晚上，也就是星期天的晚上，玲玲回来了。玲玲妈妈一见就又高兴又伤心地哭了起来，边哭边数落玲玲："你这孩子怎么这么不听话呢，你上哪儿去了，也不跟妈妈说一声。"

玲玲好像很意外地说："妈妈，你哭什么啊，我去原来同学张童童家了，昨天下午放学后她给我打电话，说她的爷爷病了，爸爸妈妈赶过去照顾爷爷，家里就剩下她一个人，她说挺害怕的，让我去陪她做伴，我就答应了。没想到妈妈这么生气。"

礼仪解读

　　或许故事中的玲玲是无心的，她的妈妈也会原谅她，但她不应该忽视一个礼仪，就是做子女的不要让父母为自己担心。不让父母担心是最简单的、最基本的，也是很容易做到的，但是却被许多小朋友忽视了。

　　看到这里，有的小朋友可能会说："不让父母担心其实是很容易做到的，为什么我们做得却不那么好呢？"原因很简单，就是你们没有拿父母当外人，你们认为跟自己的父母不用讲什么礼仪之类的东西，所以就忽视了。其实，作为一个懂礼貌的孩子，跟任何人都应该讲礼仪，当然包括养育自己的父母了。

跟我学礼仪

让父母知道你的行踪和去处

这样做不但会让父母心中有数，即便出现什么意外，父母也可以

及时援助你。

如果晚一点儿回家，一定要事先通知父母

有不少小朋友都有过这样的想法："只是比平时晚那么半小时，就不用提前跟父母说了，等回家后解释一下就行了。"这种想法是错误的，因为违反常规的事情常会让人产生不好的联想，使家人提心吊胆。

离家时间较长时要写信或打电话问候家人

对于朋友们来说，离家在外的情况还真不少，比如说寄宿在学校、参加夏令营、假期到亲属家做客等，每当这个时候，小朋友们都要养成定期给父母写信或打电话及时向父母汇报自己情况的习惯，不能一出去就将对父母的问候抛在脑后，那样会让本来已经够繁忙的父母十分担心。

一般情况下不要留宿在外

在现实生活中难免会遇到一些预料之外的事情，比如同学的父母不在家，需要自己临时陪伴。帮助同学是好事，但是千万不能未经过父母同意就留宿在外面，或者因为自己的粗心大意，干脆就没及时告诉父母。

多与父母交流

多与父母交流，让他们知道你在想什么，他们就不会担心了。有些内向的孩子，有什么事都装在自己肚子里，不愿意跟父母说，使得父母根本不知道自己孩子的所思所想，这样势必会生出许多担心。

别向父母提过分要求

你身边的故事

有一天，妈妈领着小华来到了一家大众服饰商店，打算给她买一件新衣裳。可走到门口时，小华却停住了脚步，迟迟不肯进去。妈妈想到自己下午两点还要去参加下岗职工招聘会，于是就催促小华赶快进去，并伸手去拉小华。令妈妈没有想到的是，小华一把推开了妈妈的手，并大声说道："这里的衣服太老土啦，你让我穿这样的衣服怎么去见同学？"妈妈听完这话，终于明白了女儿迟迟不肯进去的原因。于是，她对小华说："女儿，爸爸妈妈对不起你，让你受苦了，这回你就将就一点儿，等妈妈重新上了岗，领了工资一定带你去买你想要的衣服。"可小华还是不听，竟然大哭起来，并说道："我就不要这里的衣服，我要专卖店的衣服。"小华这一哭一嚷，引得行人纷纷侧目。

礼仪解读

勤俭节约不仅是一个生活态度问题，还能体现一个人是否具有责任意识，更能体现一个人思想道德修养的高低。所以，我们每一

88

个小朋友都应从小自觉遵循勤俭节约的居家礼仪，可不能像故事中的小朋友那样，为了自己的面子，向父母提出超越家庭经济条件的过分要求。

通过对目前小学生的生活状况的观察，大手大脚、不懂节俭的现象已经很普遍。造成这一现状的原因，有主观的，也有客观的。从主观上看，现在的孩子都特别会自己娇惯自己，生怕自己受一点委屈，自己的吃穿用是绝对不能低于身边的同学的，否则就是没面子，丢人。从客观看，就是父母太过溺爱孩子了，他们多有"再苦也不能苦孩子"的心理，放纵孩子。不管是主观的原因，还是客观的理由，其结果都让孩子的行为变得不符合居家礼仪的要求。

要想学会节俭礼仪，小朋友们还要弄懂什么是节俭，什么是浪费。二者是一对正相反的词组。概括起来，节俭就是"不该花的钱不花，不该扔的东西不扔，不该浪费的时间不浪费"。那么浪费的意思也就不言自明了。

跟我学礼仪

不攀比，不虚荣

生活上不贪图享乐，不与别人进行攀比，不向父母提超越家庭经济条件的过分要求。如果小朋友能做到这一点那就是你的幸运，也是你的父母的幸运了。

正确看待自己的生日

生日，已经成为大多数小朋友的节日，因为在这一天，他们不但可以得到别人的祝福，还可以借机向父母索要贵重的礼物。这样的做法是不对的。小朋友们应该记住，生日是你降生的日子，更是你的母

亲蒙难的日子，所以在这一天庆祝你的生日时，还应该感激母亲养育之恩，更多孝敬、体贴你的母亲为好。

给同学送礼物要量力而行

和同学进行礼尚往来时，要懂得礼轻情意重的道理，以免给自己的父母增加负担。

养成不浪费的好习惯

1. 使节约成为自己的自觉行为，不浪费别人的劳动成果。

2. 不该花的钱不花，不该扔的东西不扔。从小事做起，节约每一滴水，每一粒饭，每一张纸，每一支笔，千万不要有"一张纸才几分钱，至于那么节省嘛"的思想，记住财富就是一点一点积累起来的。

3. 不大开水龙头，用完及时拧紧，杜绝"长流水"现象。

4. 不挑食，能吃多少买多少，不随便丢弃剩余饭菜。与妈妈在饭店吃饭把剩菜带回家不是丢人的事情。

5. 节约用电，离开房间、教室时，随手关灯，人走灯灭。

6. 不占用、浪费别人的时间。

关心、孝敬长辈
是你的责任

你身边的故事

　　小明是家里的独生子，被爸爸妈妈、爷爷奶奶视为宝贝。爸爸妈妈都是普通工人，日子过得并不宽裕。在炎热的夏天，小明的爸妈决定为小明的爷爷奶奶买一台空调，因为他们住在外屋实在太热了。空调买回正准备安装时，小明放学回家了，一看见家里正在装空调感到非常高兴，可仔细一看，空调并不是装在自己的屋里而是要装在爷爷奶奶的屋里，他就不高兴了。他对着爸爸大声说道："为什么不装在我的屋里？"爸爸对小明说："儿子，你住在里屋，不热，而爷爷奶奶住在外屋，从早到晚都有日晒，实在是太热了。"听完爸爸的解释后，小明还是不答应，非要坚持装在自己的屋里。见爸爸不答应，他竟然坐在地上大哭起来。看见小明这个样子，爷爷赶忙走出来，从地上抱起小明，对他说："乖孙子，爷爷奶奶不装，我马上就让你爸把空调装在你的屋里。"一听此话，小明破涕为笑。

礼仪解读

唐朝诗人孟郊在他的《游子吟》一诗中这样写道："谁言寸草心，报得三春晖。"这句诗的意思是说，做人应该像小草那样懂得感恩，去报答、关心我们的父母。

关心、孝敬父母长辈，是做人的本分，是一个青少年儿童应具有的最起码的道德素质，更是一个时刻不应该被忽视的居家礼仪。如果一个人连这个基本的礼仪都不懂，不关心、孝敬自己的父母长辈，谁也不会相信他是一个有爱心、有责任感的人。这样的人，相信也没有谁会愿意与他打交道、做朋友。

关心父母的礼仪要从细节中体现出来。

跟我学礼仪

1. 记住父母长辈的生日并在生日之际送上你的祝福。生日对于每个人来说都非常重要，如果你能准确记住自己父母长辈的生日，说明你很尊重、在乎他们，这会让他们感到非常高兴。在他们生日之际，你可以给他们送上一份小礼物，比如买一小束鲜花或一个蛋糕。

2. 父母长辈生病时主动询问照顾。一个人难免会生病，而这时也是他最需要人关心和照顾的时候。如果自己的亲人生病了，你应该主动打电话问问情况，如果时间、条件允许更应该在他们身边照顾他们，说些问候的话，父母听到你关切的问候，心情舒畅，病自然会很快好起来的。

3. 学会安慰自己的父母长辈。生活不可能永远地风平浪静，父母长辈们可能也会遇到一些烦恼的事，也可能会有失落、孤独的时候。

此时，你就应该对父母说一些宽心的话，比如说："妈妈，你不要太难过，一切都会好起来的。"

4．体谅父母。父母为了我们能有一个更好的生活环境，终日辛勤劳作，可能不太注意某些细节，比如衣服颜色不太搭配、不修边幅等等。此时，我们不能取笑自己的父母，更不能以父母为耻，而应设身处地替他们考虑和着想，充分理解和体谅父母，并时时关心他们的身体和心情。

理解父母的教诲

你身边的故事

丁丁连续几天放学不按时回家，也不说明原因，妈妈问起这件事，丁丁却大发脾气，出言不逊。

丁丁的举动让妈妈大吃了一惊，她没想到丁丁会如此顶撞自己，气得眼泪都流了出来。

正巧这时爸爸推门进来了，他知道情况后，没说什么，拿出一张纸，"刷刷刷"地在纸上写了一些字，然后交给丁丁，说："拿到你屋里去看。"

回到自己屋里，丁丁见纸上写道：

下列事情中如果一件都做不到的话，你没有顶撞你母亲的权力：

连续3个月每吃完一餐都必须催吐（孕吐）；

裤腰里塞一个篮球达10个月（怀孕）；

10个月不能喝咖啡、冰水、茶；

5个月睡觉不能翻身；

10个月不能生病，或者生病也不能吃药；

到育婴室为婴儿把屎把尿1个月；

晚上每两小时起床一次（喂奶、换尿布）；

花 30 分钟的时间，反复叠衣服、洗碗筷，坚持 1 个月。

还没等看完，丁丁的眼泪就流了下来，他默默地走出房间，来到母亲跟前，低着头说："妈妈，对不起，我不是故意惹您生气，请您原谅我。"

礼仪解读

正所谓可怜天下父母心，如果一个人连听从父母教育的礼仪都不遵从，甚至还不时地顶撞父母，这样的人可能永远也不会取得什么成就，他也会被看成是无理粗俗之辈，受到人们的鄙视。我们的母亲，或许没做过什么轰轰烈烈的大事，不过就冲丁丁爸爸纸上列出的那几项，就足以让我们用一生的时间报答她们了，更别说，听从父母的教诲本来就是我们应该遵守的礼仪。

全天下的父母哪一个不爱自己的孩子，并且父母的经验比你多，所以多听听父母的意见对你肯定有好处。落到礼仪层面上，就要求我们从一点一滴做起，从小就学会用礼仪规范来约束自己的行为。

跟我学礼仪

1. 父母教育自己的语气太重或太固执武断，要给予理解。出现这种情况时，我们一定不要心生怨恨，跟父母"记仇"。要知道，父母之所以会重重地说我们，甚至粗暴地教训我们，是因为他们关爱自己的儿女，这是他们表达爱意的一种方式。他们希望通过此种手段让我们在今后的人生路上走得更稳更好。

2. 虚心、真诚、认真地听取父母的教导。作为我们的长辈，父

母的学识和经验都比我们丰富得多。他们在教育我们时，会把他们人生成功的经验和失败的教训传授给我们，从而让我们在人生路上少走弯路，少碰钉子。

3．如果无法接受父母的意见，应及时向父母说明理由，以取得他们的谅解，不能阳奉阴违。

4．父母错怪我们时，我们的态度也要恭谦，不能与父母顶嘴，应等待时机合适时，再跟父母解释。

5．对于父母的错误，作为子女，我们最好委婉含蓄地加以暗示，引导他们自己去发现问题。如果此种方法行不通，就要非常礼貌并和颜悦色地指出他们的错误，或者请他们信得过的家里的长辈来劝说。切不能讽刺和嘲笑他们的错误，让他们伤心。

6．主动与父母沟通，多向父母表达自己的意愿、想法、困惑、苦恼等，不要相信什么"代沟"，要始终记住：父母是这个世界上最关心、了解我们的人。

学会料理个人生活

你身边的故事

星期天的早晨，爸妈急着要出去见一位客人，就匆匆出去了。一晃，时间就到了上午十点半，晨晨终于准备起床了。他用双脚把被子推到一边后，刚想拿过衣裤穿上，忽然记起昨天把它们给弄脏了，于是他随手就把衣服和裤子扔到了地上，连拖鞋也没穿就直奔衣柜，从里面随便拖出一套穿在了身上。然后，他赤脚去了饭厅，从冰箱里端出饭菜，狼吞虎咽，不到五分钟就将饭菜扫荡一空。像往常一样，他把碗往旁边一推，就回自己房间去了，把妈妈交代的话忘得一干二净。然后，他将自己的脏衣服抱出来往沙发上一扔，便打开电视看了起来。看了很久后，妈妈回来了。跟在妈妈身后的，还有一位自己不认识的阿姨。妈妈带着那位阿姨进入客厅后，那位阿姨便被眼前的景象给"吸引"住了。只见沙发上堆着几件脏衣服，饭桌上摆着三个还有饭粒的碗，地板也穿上了一件"五颜六色"的衣服。妈妈看见这个情景后，顿时满脸通红，连连向阿姨解释道："今天早上走得急，来不及打扫，请不要见怪。"阿姨笑着圆场道："没事，这时间就是老不够用。"说完，她便主动去替晨晨的妈妈收拾桌上的碗了。

礼仪解读

从我们来到世上的那一刻起，爸妈便给了我们无微不至的关怀。但是，父母可以好好地照顾我们一时，但照顾不了我们一世，因为他们会有年老的一天，未来的路终究要靠我们自己去开辟。因此，小朋友们应该学会料理个人生活，为自己将来独立生活打下坚实的基础。同时，作为一个有孝心、懂礼貌的好孩子，在学会独立生活的同时，还应该帮爸妈做一些力所能及的家务。如果小朋友们能做到这两点，这对你的成长和学习是大有益处的。

能自觉帮爸妈做一些力所能及的家务事，正是当今社会很多小朋友所缺乏的。所以，小朋友们十分有必要学会这一礼仪。在必要的时候替父母分担家务，不但可以减轻他们的负担，让他们得到适当的休息，还会让他们的心情更加舒畅。这是为人子女最应该做到的事情。

请小朋友们记住：

1. 不要把你的妈妈当成家中的奴隶。

2. 别忘了你已经长大，一切都必须学会独立。

3. 该你做的事情你必须做，不能也不该让别人替做。

4. 别忘了自己对父母和家庭应尽的义务。

5. 要善解人意地去帮助父母，别等父母开口。

跟我学礼仪

保持房间内干净卫生

自己住的房间自己要经常打扫，包括地板、门窗、桌椅等。爸妈每天上班，非常辛苦，所以还要主动帮助爸妈打扫房间、扫地拖地、清洗厕所，帮爸妈出去买东西，主动将爸爸烟灰缸的烟灰倒掉，帮忙

洗洗。

管理好自己的物品

自己的用品要摆放得整齐有序，不乱摆放。

勤换衣服、勤洗澡

衣服脏了，应该及时将它们换下，同时还要勤洗澡。只有我们爱卫生，才能尽可能地避免疾病对我们的侵袭，也能少给父母添麻烦。

换下来的衣服要及时清洗

换下的脏衣服、脏鞋袜等应及时清洗。在可能的情况下，还应该经常帮爸妈洗洗衣服。

父母做饭时为父母打下手

爸妈做饭时，不应该作为旁观者或是不闻不问，应该主动帮助爸妈做饭，比如，帮他们洗洗菜、拿拿碗、端端菜等等，饭前帮忙摆餐具，饭后帮忙收拾桌面，主动去厨房洗碗，并将厨房打扫干净。

邻里之间互谦互让，
互帮互助

你身边的故事

张家和王家同住在 52 号楼，一家在 503 室，另一家在 403 室。虽然同住一楼，他们彼此却不认识。

某一天，张家的儿子小张正在家里写作业，王家叔叔敲开了张家的门，怒气冲冲地问："你们家大人呢？"

小张不客气地说："大人不在家。"说完他就"砰"的一声把门关上了。

可是，门又响了，还是那位叔叔。小张生气地问："你干吗？"

"你说我干吗？你们家酱油都淌到我们家了！"

小张说："不就是一点酱油吗？至于这么大火气吗？我看看。"小张来到厨房，找来抹布把自家的地板擦得干干净净。然后，小张对那位自称楼下的叔叔说："行了吧？没事我要写作业了。"

那位叔叔看起来更生气了："你们家大人呢？"

小张说："都擦干净了还找我们家大人干吗？你咋那么多事呢？"

那位楼下的叔叔说："你们家酱油把我们家的墙壁弄脏了，还说我事多，你这孩子怎么这么没教养！"

小张也生气了："你才没教养！"说完，小张便把楼下那位叔叔关在了门外，再也没开门。

礼仪解读

俗语说得好，远亲不如近邻。在家庭之间的交往中，邻里之间的交往应该是最频繁的。但是，现如今的邻里关系却不太令人满意。同住一座楼，却往往是老死不相往来，更不用说合乎邻里礼仪了。

看过这个故事我们就不难发现，这里有许多不合礼仪的地方。可见在日常生活中邻里相处的礼仪真该引起人们的关注了。

一方面，楼下的那位叔叔完全没有必要那么怒气冲冲，因为事情既然已经发生了，生气是于事无补的，生气只会使事态向更糟糕的方向发展。试想，如果他上楼来和颜悦色地说明来意，小张还会是那种态度吗？另一方面，知道事情原委后，如果小张赶紧向楼下的王叔叔道歉，并主动提出去帮人家擦一擦，而不是漠然处之，楼下的叔叔还会和小孩子一般见识吗？

跟我学礼仪

1. 小朋友们自觉维护社区内的公共卫生，自觉参与社区公共劳动，为维护好一个优美的社区生活环境做出自己最大的努力。

2. 当邻居有了困难时，主动、及时伸出援助之手，能办到的事要尽量帮忙，不能事不关己，高高挂起，更不可幸灾乐祸，在一旁看笑话。

3. 自己做不到的事，就不要向别人逞能、夸海口，以免耽搁别人的时间，误了别人的事。

4. 借了邻居的东西一定要及时归还，如果因疏忽而忘了及时归还给邻居，一定要当面向邻居说清楚原因，表达自己的歉意。

5. 对邻居要以礼相待，不要视若路人，见面后要主动和别人打招呼。

6. 如果与邻居产生了误会或发生争执时，一定要谦让自己的邻居，切不可含沙射影地在那儿指责人家，在邻居冷静下来后再与对方好好谈谈。

7. 对于邻居一些过分的行为或不合理的要求和做法，我们也不应该一味地妥协退让，而应通过"理"和"德"来合理地、妥善地解决处理。

8. 不要让自己的生活习惯、兴趣爱好打扰、影响邻居。一些小事看起来都非常微小，但恰恰是这些小事最容易伤了邻居之间的和气。

9. 如果要使用小区或楼道里的公共场所，一定要与相关层的邻居做好沟通，说明自己占用的原因、时间，尽可能得到他们的体谅。

10. 到邻居家串门，一定要选择好时间，应该避开他们吃饭或休息的时间。如果是周六、周日的话，一般来说，上午 10 点之前是不宜打扰的。

第五章
校园礼仪

樱花路第一小学

像爱家一样爱学校，
但在学校不能像在家一样随便

你身边的故事

一天早晨，小虹、小军和小豆一起去上学。他们经过教学楼前的花园时，看着花园里盛开的红的、白的、紫色的花儿，小豆情不自禁地说："真美！"小军点了点头，然后也说："是啊，真的太漂亮了，在这样的校园里学习真舒服。"

听完他们的话，小虹什么也没说，只是把手伸向了一朵开得最盛的紫色花儿。小豆忙去制止，可是小虹不听，硬是把那朵花摘了下来。小豆气愤地说："小虹，你这样做太不对了，要是每个人都像你这样，那我们的校园里还有花儿吗？"小虹白了小豆一眼说："这花又不是你家的，你这么急干吗呀。"听完小虹的话，小军说："小虹，你这样说可不对，这花确实不是小豆家的，但也不是你家的呀，它属于学校的，任何人都没有权利把它摘下来。"小虹一听这话，什么也没有说，随手就把刚摘下的那朵花儿扔到了地上，然后转过身向教室走去。看着小虹离开后，小豆十分心疼地拾起了那朵花儿，把它扔到了旁边的

垃圾箱里，然后对小军说：“我讨厌小虹，以后再也不和她做朋友了。”

礼仪解读

校园是一个既庄严又活泼既紧张又文明的环境，在这里，小朋友们不仅要学好文化知识，还要自觉加强道德修养，让自己的行为符合校园的要求，为校园的美化做出贡献。

校园礼仪包括的范围很多，这里只侧重和小朋友们探讨一下爱护学校公物、保护学校环境、保持学校良好秩序等方面的内容。

在学校里，爱护学校里的公物、保护环境卫生既有利于个人的学习和身体健康，也能展现一个人高尚的思想道德素质修养。一个不懂得爱护公物，不懂得维护自己生活环境的人，是缺少集体主义思想的，是会遭到同学们的鄙视和唾弃的。如果成为这样的一个人，那是多么的可悲啊！结果就会像故事中的小虹一样失去了同学的友谊。

跟我学礼仪

爱护花草树木和公共设施

学校的花草树木，把校园装点得非常美丽，可以让老师、学生有一个好的心情，这是十分有利于老师教学和学生学习的。所以，我们应该加倍爱惜学校的每一棵草、每一朵花、树上的每一片绿叶，爱护学校公共设施，如橱窗、固定标语、消防器材、体育器材等物。

自觉维护公共场所的卫生

自觉维护公共活动场所整洁、卫生；进专用教室或实验室上课，遵守规定，保持整洁；每天打扫公共场所卫生包干区，不乱扔杂物，保持校园清洁；用完的草稿纸、吃完糖果的包装纸，以及果皮等等，

都应放入垃圾箱中，不能随手丢在教室或是校园内；不在楼上往楼下吐痰、倒水、扔杂物；不随地吐口水或是吐痰；该自己值日或是班上、学校大扫除时，应该积极参加，做好自己该做的事，比如，课前把老师的讲桌打扫干净、擦干净黑板等等。

自觉维护学校的利益

不私拿、贩卖学校、班级的公物。对于任何公共物品，哪怕是一张纸，我们都不能据为己有，更不能把学校的公共物品拿到校外贩卖。敢于同损害公物的行为做斗争，积极维护、保护公共财产。如果发现班上同学或是其他年级的同学故意损害公物，要及时制止他们的行为或是马上报告老师，不能视而不见，更不能参与他们破坏公物的活动。对于教室里的门窗桌椅，乃至小小的黑板刷，都应该自觉爱护，不得有意损坏，如果不小心损坏了班级公物，应该及时向老师承认错误，承担自己该负的责任。

遵守学校的规章制度

未经允许，不带外人进校；节假日，不擅自滞留在校园内玩耍；不到放学时间，不自行离校，如有特殊情况要提早离校，须经班主任批准；进出校门，要有秩序，不争先恐后；按时上学不迟到，放学后按时回家；保持走廊安静，不推挤，不冲撞，不打闹，不趴在栏杆上做危险动作；楼梯上不做游戏、危险动作，不追逐，上下楼梯时轻声慢步靠右走。

校园着装不能忘了
自己是学生

你身边的故事

　　小明是光华小学五年级二班的一名学生。他非常喜欢打篮球。一天中午刚吃过午饭，虽然外面烈日当空，热气逼人，他还是换好了打篮球的"装备"——脚穿一双厚厚的专业篮球鞋，上身穿着一件背心，下身穿着一条短裤，背着书包要向学校走。这时却被妈妈叫住了。在妈妈的坚持下，小明只好又拿上上课要穿的外套。

　　刚到学校门口，小明就被门口的保安叔叔给叫住了。保安叔叔说："对不起，小朋友，学校有规定，不得穿背心、短裤入校。请你回家换了衣服再来。"小明一听这话只好从包里拿出外套穿上，心里还抱怨："学校真是多事，连怎样穿衣服都要管。"穿好之后，他一溜烟地跑向了篮球场，外套也顾不得脱，便玩了起来。由于天气非常热，再加上小明非常投入，所以他的衣服几乎全被汗水给湿透了。

　　时间过得很快，午休马上就要结束了，小明回到教室随手便把篮球丢在了教室的后面，然后重重地坐在了自己的位置上。顿时他感觉奇热无比，于是把外套脱下来搭在椅背上，只穿着背心、短裤坐在位

置上。看着小明这个样子，班上很多女同学纷纷把头侧向一边，不愿意看他。可小明只顾自己凉快，一点儿没感觉到。

其实现在最热的当属小明的脚。大热天的，穿着一双球鞋，还经历了那么剧烈的运动，现在小明觉得自己的脚就要燃烧起来了。于是他把脚上的篮球鞋给脱了。顿时，一股浓浓的脚臭味开始在教室里蔓延开来。这股味道使很多同学朝教室外面跑去。他们纷纷议论着，说小明实在不像话，太不注意自己的形象了。可小明哪里知道自己造成的"恶果"啊，依旧在那儿自顾自地凉快着。

这时，老师来到了教室上课，看到这种情形，走到小明身边，对小明说道："小明你怎么可以在教室里面穿背心、短裤，还把鞋脱下来了？太不像话了，赶紧穿上。"

听着老师批评小明的话，班上同学哄然大笑，小明这才意识到自己的不文明行为，顿时满脸通红，赶紧穿上了衣服。

礼仪解读

在学校生活中，常会出现穿着打扮不合规范的现象。一些小朋友不懂得校园着装礼仪，不知道什么样的服装不该穿进学校，什么样的服装不该穿进教室。出现这种情况的原因大体可以分为两种：一种是爱美之心；另一种是追求自由。这两种情况都是不该发生的，因为学校是一个比较特殊的地方，《中小学生日常行为规范》中明确规定学生应该"不挑吃穿"、"穿戴整洁"、"朴素大方、提倡穿校服"。所以，如果哪个人很另类地不按规范去做，就会引起同学老师的侧目，还会给自己带来麻烦。

前面故事中的小明，应该是属于第二种情况，他为了自己的舒服、

方便，在公共场所穿背心（体育场除外），在教室里面脱鞋，所以才遭到保安的阻止，使自己成为同学的笑料和厌恶的对象。这一切都是他不注意自己的校园着装礼仪造成的。小朋友们要引以为戒，要时时处处注意自己的着装，给人留下良好的印象，做一个受同学欢迎的人。

跟我学礼仪

校园内不穿背心、拖鞋和短裤

校园是教书育人的地方，不同于家里，着装应朴素、大方，应穿校服或便装。不能穿背心、拖鞋、短裤上学，那是非常不雅的，会有损自己和学校的形象。

教室里不脱衣脱鞋

教室不是试衣间和鞋店，而是老师给我们传授知识的地方，我们可不能随便在教室里脱衣脱鞋，那既是不尊重老师和同学的表现，也是没有教养的表现，更会让你成为别人的笑料和鄙视的对象。

在校园餐厅就餐要注意
自己的一言一行

你身边的故事

第四节课下课铃刚响起，小鸿便箭一般地向学校餐厅冲去。

可是，当他跑到食堂餐厅时，每个窗口前早已排起了长队。他一个箭步挤到一个比自己矮的小个儿同学面前。那些排队等候的同学都纷纷批评他。小鸿却把头扭向一边，充耳不闻。很快，小鸿便买好了饭菜，端着饭盒去寻找座位。

当一个年长的老师刚把饭盒放在桌上的时候，小鸿已经抢先把屁股放在相应的凳子上了，老师只好端起饭盒离开了这个座位。看见老师离开，小鸿抬起一只脚踩在凳子的边缘，把另一只脚放在地上，开始吃了起来。吃到骨头等，小鸿张嘴就吐在了地上和桌子上。看见小鸿如此的用餐方式，与他同桌的三位同学都悄悄地端起自己的饭盒，离开了这张桌子。

吃完了饭，小鸿拿起自己的饭盒向洗碗池走去，并顺手将没吃完的饭菜倒入洗碗池中，同在洗碗的同学都用鄙视的眼光看着他。

礼仪解读

在餐厅就餐也属于校园公共场所礼仪的范畴，所以除了要遵守一般的公共场合礼仪外，还要注意校园餐厅礼仪的一些特殊细节。

故事中小鸿在餐厅就餐时的一言一行，可谓是给周围同学、老师留下了深刻印象——就跟没吃过饭似的。试想，在同学心目中有如此印象的人，会赢得别人的好感吗？

跟我学礼仪

有序进入餐厅，不要冲、跑、挤

学校餐厅就餐的人数较多，同学们进入时应按次序，不要猛冲、猛跑，也不能去挤压那些低年级的同学，那样很容易伤害到同学。

排队购买饭菜

就餐时，应自觉排队购买，不能大大咧咧地冲到队列的前面，这是非常不好的。

尊重餐厅工人的人格

当你购买饭菜时，应该对他们说"请"、"谢谢"之类的礼貌用语，不能对他们颐指气使，更不能辱骂他们。要知道尊重是相互的，只有你尊重别人，别人也才可能尊重你。

如果和师长在一起吃饭，要请长辈先入座

当你和师长在一起吃饭时，应主动让座，如果有位置，应该让老师们先坐，待他们坐好后，自己才入座。

坐姿正确

当你在餐厅入座后，坐姿一定要端正，不能歪歪斜斜，应两脚自然并拢，双腿平放，挺直腰，然后开始吃饭。

维护餐厅卫生

不能吃的东西，比如骨、刺等，不要张嘴随地乱吐，而应将它们吐到餐具里或是其他盛具中。满地乱吐东西，是没有教养的表现，也会遭到别人的鄙视。

要注意吃相

吃东西或喝汤时要小口吞咽，轻声咀嚼，以免影响他人。不要满嘴食物与人说话。

爱惜粮食，不乱倒剩饭剩菜

每次购买饭菜时，应估算一下自己的饭量。如果实在吃不完购买的饭菜，应倒入指定的垃圾桶中，不能将它们倒入洗手池、洗碗池中。

不大声喧哗

在餐厅就餐时，寻找自己熟悉的同学一起吃饭是一件乐事，但不要一看见自己的同学就大叫。学校餐厅是公共就餐场所，每个就餐者应自觉保持安静，不大声喧哗、吵闹、打跳，以免影响他人就餐。

互谦互让

学校餐厅就餐时间，一般有较多的人，这就难免会发生一些磕磕碰碰，当你不小心碰到了别人或是别人碰到了你，你应该及时向别人道歉或体谅别人。切不可报复别人，这样只会引发更大的矛盾和冲突。

节约用水，爱护餐具

饭前洗手、饭后洗碗时，应该节约用水。杜绝长流水，以免造成浪费。对于公共餐具，用完后应把它们放在指定的位置，同时动作要轻，不能远掷，以免损坏。

别把图书馆当成休闲娱乐的场所

你身边的故事

星期二下午第三节课自由活动，斌斌便穿着上体育课时穿的背心，拿上书包向图书馆走去。

路上斌斌又买了几包零食，放在书包里。刚到报刊阅览室门口，斌斌就被一位老师拦住了。看着斌斌满脸的疑惑，那位老师笑着说道："同学，图书馆有规定，身着背心不能入馆，请你穿上外套后再进。"斌斌不满地看了那位老师一眼，不得不从书包里拿出了自己的外套穿上。刚走了两步，斌斌忽然看见洋洋也在里面看书，于是大声地对洋洋说道："嗨，洋洋，你也在里面看书啊？"听见斌斌如此有"穿透力"的声音，那些正在埋头看书学习的同学纷纷抬起头，用不满的眼神看着他。

洋洋见状，赶紧走到斌斌面前，轻声地对他说道："斌斌，小声点，这里是图书馆，大家都在学习。"斌斌不屑地说道："怕什么啊，难道我连说话的权利都没有吗？"说完这话，他便去登记处登记，并

113

找到了一个座位。斌斌把书包扔在桌上，拿了十来份报纸回来。然后，他一边看报一边吃起了零食。过了一会儿，斌斌又觉得有点累，于是便趴在桌上睡起觉来。直到下课铃响了，他才从睡梦中醒来。

礼仪解读

图书馆是知识的汇集地，是看书学习的公共场所，在这里人们不仅可以丰富自己的精神世界，提高文化修养，也能透过一言一行展示自己的学习态度和品德涵养，所以，图书馆常被人们称为神圣的地方。既然是神圣的地方，每一个身处其中的人都要讲究礼貌公德，不要让自己的言行有损它的神圣。可是，现实生活中常有一些自觉性不高的小朋友，像故事中的斌斌一样，把图书馆当作了休闲娱乐的场所，给别人带去了很大的麻烦，给自己也造成了不好的影响。斌斌的行为还算不上最过分的，还有些学生，总是想把图书馆的书据为己有，带不走整本就撕页，结果把图书馆的书弄得残损不堪，无法阅读，这种行为才是最可耻的。

跟我学礼仪

着装整洁

图书馆是神圣的地方，出入图书馆应该着装整洁，朴素大方，不能穿背心和拖鞋进入图书馆。

有序进入，不抢座、不占座

进图书馆时，应排队依次进入，不能争先恐后地涌入，以免发生危险。进入阅览室后，不要用书包或是其他物品为自己的同伴占座位，也不要去抢占暂时离开的同学的座位。

保持肃静

　　进入图书馆时，脚步应轻，不要与朋友、同学高声说话，更不能嬉笑打闹。在图书馆最好不要与同学探讨问题，搬放桌椅应尽量避免与地面摩擦发出声音，以免影响他人学习看书、思考问题。

不做与学习无关的事

　　图书馆是学习的地方，不能在图书馆做一些与学习无关的事，比如，大吃特吃零食、睡觉等等。这既会破坏图书馆的学习气氛，也是不尊重馆内其他同学的表现。

借阅图书应自觉遵守规定

　　在图书馆借阅图书，应自觉遵守借阅规则，看清注意事项和索书条上的要求，然后清楚、准确地填写。在老师为自己查书的过程中，应耐心等候，不要催促，以免发生错误。借阅的图书应及时归还。

爱惜图书

无论是自己借的书，还是开架上的报纸杂志，都应好好爱惜。不能在上面画符号或是做一些其他标记，比如，划横线、折角等等；更不能从中撕下一些自己需要的图片、资料，那是非常不道德的行为，也必将受到图书馆的严惩。翻阅开架报纸和图书时，应按次序取阅，不要乱取乱放，也不要一次拿太多的书或报纸杂志，这样会影响他人借阅。

自觉保持馆内环境卫生

在图书馆看书学习，应自觉保持图书馆的环境卫生，不随地吐痰，不乱扔草稿纸或其他杂物。

爱护馆内公共设施

图书馆内的桌、椅等公共设施应该注意爱护，不要在上面乱刻乱划，随意破坏。如果不小心损坏了图书、桌椅，应主动承担责任，根据规定做出赔偿。

尊重图书馆的工作人员

在图书馆借书、看报应服从工作人员的管理，不能顶撞、辱骂工作人员，借阅或归还图书后，应对工作人员说一声"谢谢"。

学校住宿要多替
别人想想

你身边的故事

新学期开始，光华小学五年级学生全都实行了住宿制。小江和小庆、小丰三人被分到了502室。经过宿舍管理员一段时间的严格管理后，几乎所有的同学都学会了应该怎样文明就寝。但是，小江可没那么"轻易就范"。这不，宿舍管理员刚刚走，他便悄悄地用报纸将窗户封严实，点燃一根蜡烛，拿出一本卡通书看了起来。

由于蜡烛光亮较强，躺在床上的小庆和小丰怎么也睡不着，在床上翻来覆去。小江不耐烦地说道："你们两个可不可以不要老翻身？那会打扰我看卡通书。"听见小江如此强词夺理，小丰说："小江，好像是你影响我们休息吧？晚上熄灯后要按时就寝，老师不是早就说过了吗？"小江一听这话，顿时不吱声了，心里却不服。于是，每次翻书时，他故意弄出最大的声音来，让小丰和小庆痛苦万分。由于昨晚没有睡好，上课时小庆和小丰打瞌睡被老师抓了个正着。看着小庆和小丰被老师批评的样子，小江心里暗自得意。

　　吃过午饭，小江决定去找520室的一位室友小祝。来到门前，小江推门就进，还大声地说："小祝在吗？"他的叫声把里面正在睡午觉的几位同学都吵醒了。一看小祝不在，他掉头就走了。小江走后，一位靠门边睡的同学不得不爬了起来，把门关上，然后说："这人也太不懂礼貌了，打扰了别人休息，不但不道歉，走时连门也不知道关。"

　　小江回到自己寝室，一脚踹开了门，结果正在睡午觉的小庆和小丰被吓得一下子从床上坐了起来。小丰不高兴地说："小江，你怎么回事嘛？你不想休息，不想好好学习，也不能影响别人啊，做人要有一点礼貌。"小江用挑衅的口吻说："就不想让你休息，看你能把我怎样。"两人越说越凶，眼看就要打起来了。听见吵闹声，宿舍管理员来了，把小丰、小庆和小江叫到了办公室。

礼仪解读

　　任何时候都不要把个人的快乐建立在别人的痛苦之上，这是一个不言自明的道理。

　　每个人都有自由，但自由是要有限制的。能否遵守学校住宿礼仪的基础和关键，就是看这个人有没有正确的自由观。没有正确的自由观，他就会把宿舍当成家，甚至比在家时还随便——睡觉前高声说话、读书，或是睡前听听歌，或是迟一点关灯等等。随便的原因，就是因为他们自私，缺乏组织纪律性。这些都是与住宿礼仪相悖的。

跟我学礼仪

按时上床，准时关灯

学习完毕回到寝室，稍作休息后应该马上去洗漱，在学校规定熄

灯前十分钟应该躺在床上，到了熄灯时间，应该马上关灯睡觉。

不在宿舍吵闹打跳，也不和舍友们开"卧谈会"

无论何时都不要和舍友在寝室吵闹打跳，熄灯后也不要和舍友们开"卧谈会"，以免影响他人和自己休息。

不要将收录机、电视机或其他电器设备声音开得过大

当你听歌或是看电视时，不要将声音开得太大，以免影响舍友和其他宿舍的同学休息。

不要在宿舍点蜡烛或是打着手电看书

熄灯过后，应该躺在床上休息睡觉，不要点着蜡烛或是打着手电筒看书。这不仅有损你的视力，还可能引发火灾，当然也会影响舍友们的休息。

轻手轻脚

如果有事回来较晚，宿舍楼已经关灯就寝，一定不要大声说话，也不要在上楼时故意把楼梯踏得咚咚响，应该轻手轻脚地回到宿舍，到宿舍后，洗漱用品也应轻拿轻放，以免吵醒舍友。

拜访室友，应选择好时间，不要待得过长

拜访室友时，最好不要在快要熄灯或是熄灯后去，以免影响室友及他人休息。拜访室友，一般来说应该在晚上熄灯前三十分钟去，中午最好不要去，因为时间太短，可能会影响别人休息。拜访的时间不宜太长，最好不要超过二十分钟。

去时敲门，离时关门

拜访室友，不要直接推门而入，应该先敲门，得到允许后再进入，离开时，应该随手将门关上。

校园里碰到客人要
热情友好

你身边的故事

上午第二节课下课后，小渝一个人来到教学楼前的操场上，津津有味地回想着昨晚玩的游戏。这时，校长带领着市教委的领导们也来到了操场上，很快，他们便走到了小渝旁边。其中的一位领导看见小渝独自一人坐在那里，便笑着问道："小朋友，为什么一个人坐在这里呀？怎么不和你的同学一起玩？"

小渝看了他一眼，什么也没说，便把头转向了一边。校长看见后，赶紧来到了小渝身边，对他说道："这位同学，领导问你话，你怎么不回答呀？有什么不高兴的事吗？"小渝抬头一看是校长，这才慢腾腾地说道："我没有什么不高兴的事。""那你为什么不和自己的同学一起玩儿啊？"那位领导又问道。小渝两眼斜看着领导说道："真是的，难道我自己一个人玩儿不行吗？"

校长瞪了小渝一眼后说道："你太没有礼貌了，怎么可以这样和领导说话？赶快站起来给领导道歉。"看着校长严厉的脸色，小渝很不情愿地从石凳上站了起来。那位领导笑着说："小朋友，叔叔不要

120

你道歉，不过以后可不要再这样回答别人的问题了，好吗？"小渝轻轻地点了点头。

礼仪解读

在学校里，我们应该具备主人翁精神。这样我们就才把学校当作家，才会把自己和学校的荣辱联系在一起，才会感受到学校生活的快乐。否则，原本丰富多彩的学校生活，在你的眼里就会是除了上课还是上课，要么就是除了批评还是批评，一点乐趣都没有。那该是多么令人难过啊。

既然是主人翁，你就是学校的主人。所以，当你走在校园里碰到客人时，即便你不认识他，你也要主动地按照待客之礼去招呼客人，不管客人是领导、干部，还是普通的学生家长。当他们询问你一些关于学习和生活方面的问题时，你还要按照礼仪做到有问必答，不能像故事中的小渝一样一副冷冰冰的样子。

跟我学礼仪

来有迎声

当外来领导、干部来学校参观访问时，你应该有强烈的主人翁意识，遇见他们时应该主动、热情、友善地向他们打招呼、问好，低头而过或是视而不见，都是不礼貌的。

问有答声

面对外来领导、干部的询问，应该热情给予回答，不要做出一副爱理不理或是厌烦的样子。面对客人的询问，热情地回答是一种教养，是一种风度，也是有礼貌的表现。

精神要专注

面对领导、干部的询问，精神一定要专注。领导、干部问什么就答什么，不能心不在焉、答非所问或是东张西望。那都是不尊重来访客人的表现。

语言要文雅

面对领导、干部的询问，一定要用文雅的普通话回答。尽量不要使用方言土语，以免产生交流障碍。当然，更不能使用粗话、脏话来回答领导的询问。

表情、神态要自然

面对领导、干部的询问时，应该表情、神态自然，不能显得局促不安。比如，咬着嘴唇、低着头，也不要做玩耍指甲或是搔首弄耳之类的动作。

举止要大方

面对领导、干部的询问，应该举止大方，目视着对方，然后微笑着予以回答，这既能展现你的个人素质，也能给人留下好的印象。回答别人提问时，面部表情僵硬，斜视对方，或是干脆不看对方的眼神都是失礼的行为。

去有送声

当领导、干部与你谈话完毕后，你应该礼貌地向他们道别、致意。比如，你可以说"再见"或是"慢走"。与领导谈话完毕后，不能掉头就走，那是非常不礼貌的。

第六章
课堂礼仪

不迟到，不早退，不旷课

你身边的故事

星期一的早上，小佳早早地就背着书包上学去了，一路上他东边瞧瞧，西边望望，早把老师要求准时到校的规定丢到了九霄云外。他一边走，还一边逗路边树上的小鸟。

小佳刚走到学校门口，上课铃就响了，可他依旧不紧不慢地向教室走去。走到教室门口，看见老师正背着身子在黑板上写字，小佳便径直向教室里面走去。还没等他走到座位，老师就转过了身，问："刘小佳站住，迟到了，怎么不向老师报告啊？"小佳说："老师，我看见你在写字，不想打扰你。"老师说："你如果不想打扰我，为什么不早点到学校？再说，上课迟到，向老师喊报告是一个学生应该具有的最起码的礼貌。"

听着老师如此严厉的话，小佳心里默默地说道："哎，不就是一次迟到嘛，何必这么认真，真是的。"于是他退到教室门口，然后对老师大声地喊："报告。"看着小佳如此的态度，老师不由得摇了摇头，然后说了一声："请进。"

礼仪解读

每个人的行为都要合乎自己的身份。学生就应该遵守学校纪律，就应该按照学生的行为规范去做事，这是没什么可商量的。上学不迟到、不早退、不旷课这是学生必须遵循的最起码的礼仪，也是一份必须承担的责任。

故事中的小佳在这方面就做得不好，做错事后，不及时反省自己，进行检讨，面对老师的批评还有不满情绪。

跟我学礼仪

1．不迟到，不早退，不旷课。这些都是不好的行为习惯，会在同学中造成不好的影响，也会影响自己的学习。

2．因特殊原因迟到，应该在教室门口喊"报告"，得到老师允许后方可进入教室。同时，在走向自己座位时，动作应尽量轻而快，以免影响课堂秩序。

3．有事应及时或提前请假。当某种特殊原因，需要早退或是无法来学校上课，应及时报告老师或是向老师请假，不能"先斩后奏"，那是不尊重老师的表现，同时也是对自己不负责任的行为。

4．主动认错。不小心违反了班规校纪，不能当作什么事也没发生过一样，应主动找到老师，承认自己的错误，并争取在以后的学习中不再犯这样的错误。

5．虚心接受老师的批评。无故迟到、早退、旷课后，受到老师批评教育时，应虚心接受老师的批评，与老师争辩或是拒不认错，是非常不礼貌的。

上课前五分钟做好
课前准备

你身边的故事

星期一的早上，小海早早就来到了学校，放下书包后，他一溜烟地跑到操场上和一帮同学玩起了游戏。预备铃响过了，他丝毫没有离开的意思。

很快，正式上课的铃声响了，小海才不情愿地向教室走去。当他走到教室的时候，班长已经喊过了起立，叫了一声"报告"后，他便向自己的座位走去。这时语文老师已经就开始讲课了。小海这才开始手忙脚乱地在书包里找课本，一不小心，小海将同桌小飞的水杯碰掉在地上，顿时，全班同学的目光都被吸引了过来，老师也不得不暂停讲课。小海见状，赶紧从地上拾起水杯交给了小飞。

语文老师说："杨小海，你起来说说今天这篇课文的中心思想吧！"由于毫无思想准备，再加上不知道老师问的什么问题，站起来时，小海紧张得把课本都拿反了，随后又用一只手不停地抓自己的脑袋。看着小海窘迫的样子，班上的很多同学禁不住笑了起来。

老师接着说："杨小海，你知道老师为什么要问你这个问题吗？"小海摇了摇头。"到目前为止你连课本都没打开。"老师接着又说，"小海，你为什么就不能提前几分钟坐到教室里做好课前准备呢？要知道，你晚来上课，受影响的不仅是你一个人，而是全班的同学！今天老师就算是给你提个醒，以后可不要再像今天这个样子了，你坐下吧。"

小海无话可说，满脸羞愧地低下了头。

礼仪解读

课前五分钟的利用能决定你这一节课的听课效果。在这短短的五分钟里，你不但要准备好上课要用的东西，也要在思想上做好准备，想想上一课时的内容，想想这节课将要学习什么新知识。尤其是，小朋友们还可以在这五分钟里稳定一下课间游戏带给你的"激动"的情绪，别等到老师的新课都快讲完了你还在那儿回味无穷呢，那时受损失的可就是你自己了。

跟我学礼仪

1. 当课前预备铃响后，应马上进入教室坐好，不要在外面玩到正式上课铃响。

2. 课前五分钟是让你做好学习准备的时间，不是让你跟同学"联络感情"谈天说地的时间，坐在座位上后，应该保持安静，做自己该做的事。

3. 坐在座位上后，应马上拿出课堂上可能要用的学习工具，比如，橡皮擦、铅笔、草稿本等等，随后拿出课本，快速浏览下将要讲的课文。

4. 如果自己是值日生，则应擦干净黑板，把老师的讲桌打扫干净，

不要等到老师来了后才做这些事。这样你耽搁的不仅是自己的时间，也是其他同学和老师的时间。

5．来到教室，拿出自己的学习用具和课本后，应及时把老师布置的家庭作业交给班上的课代表，如果忘了拿，也应告诉课代表或在第一节课后去办公室跟老师说明情况。

6．如果进入教室时很匆忙，坐到座位上后，应该及时整理自己的着装。衣衫不整，会给人不好的印象。

上课专心听讲，遵守课堂纪律

你身边的故事

小卜是五年级三班的一名学生，他有一个毛病，就是经常违反课堂纪律。这不，刚上语文课不到十分钟，他的毛病又犯了，竟趴在课桌上数起了教室里面的灯。过了一会儿，小卜忽然记起昨晚的数学作业还没做完，于是打开书包，拿出数学作业本开始做了起来。由于上数学课时，小卜忙着赶语文作业，没有认真听老师讲解，所以有几道题他始终做不出来，一气之下，他把数学作业本使劲儿地扔到了地上。小卜这突然的动作使同学们纷纷扭过头来看着他。老师也暂停了讲课，提醒他不要影响到其他同学听课。

听了一会儿课，小卜又没了耐心，他用手肘碰了碰旁边的小奇，小声说："小奇，别听老师讲了，听我给你讲讲最新的游戏吧，好玩着呢。"见小奇不理会，他便说了一句"没劲"。直到下课，他都一直心不在焉的！

礼仪解读

老师讲课时，学生唯一能做的就是认真听课，这是任何做过学生的人都应该知道的道理和应该遵守的礼仪。作为一名学生，在任何场合，尤其是课堂上，都要努力地约束自己按照学生规范去做，这样坚持下去，养成好习惯，遵守纪律就会变成自然而然的行为。

其实，遵守纪律是符合双赢原则的。在课堂上，如果每个同学都不认真听讲，不遵守课堂纪律，老师自然没有好心情讲课，我们也自然学不到知识。同理，大家都遵守纪律，专心听讲，老师不用分心去维持纪律，自然课就讲得更好，我们的听课效果也会更好。也就是说，纪律是用来约束人的，它在约束人的同时，也会给人带来收益，让同学们学到知识与本领。

跟我学礼仪

1．在课堂上，坐姿要端正，不能趴在课桌上，也不能把头仰放在椅子上，当然也不能斜着身子坐在椅子上。

2．专心听讲。当老师讲授知识的时候，注意力一定要集中，不开小差，更不要睡觉，做到"人心合一"，认真听老师讲解，做好笔记，如果有不懂的地方要做好记号，课后及时向老师请教。

3．积极主动思考老师提出的问题，认真完成老师布置的课堂作业。老师提出问题后，应该积极主动地思考，礼貌回答。老师布置的课堂作业应该及时完成，不能拖到课后。

4．上课时不与同学说闲话。如果要讨论，应该在课后进行，不要在老师讲课时进行，以免影响老师上课和其他同学听讲。

5．课堂上不翻阅与本课无关的书，也不要在课堂上做其他科的作业。学习，最忌讳的是一心两用。比如，上数学课时，看语文书；上语文课时，做数学作业。这样做既没有效率，也没有效果。

6．不做干扰老师上课、影响同学听课的动作。比如，在课堂上背着老师做鬼脸，或是在同学回答问题时吹口哨、起哄等等。这都是不尊重老师、同学的表现，也会破坏课堂秩序。

7．不在课堂上吃东西。在课堂上吃东西，既是不遵守课堂纪律的表现，也是非常不雅观的行为，还会给人留下不好的印象。上课时要关手机，不要在课堂上接听电话。

8．课堂上，没有老师的允许，不能随意下座位或是离开教室，也不要移动自己的课桌。不随地吐痰，更不能在课堂上玩游戏，比如和同学玩扑克牌、玩弹珠等等。

课上发言先举手

你身边的故事

在星期二的语文课上，语文老师詹老师在讲《锄禾》。

等到所有同学都看完课文后，詹老师便开始提问了，他说："我现在请一位同学来告诉老师这首诗的作者是谁？他是哪个朝代的诗人？请知道这两问题答案的同学举手回答。"詹老师的话刚落，班上就有几位同学同时举起了手。老师正在犹豫叫谁起来回答时，只见没有举手的小博大声说："我知道，这是唐朝诗人李绅写的一首诗。"詹老师笑着说："张博同学的答案完全正确，不过张博同学回答问题的方式可不太正确，回答老师的提问应该先举手，回答完后，在得到老师的允许后才可以坐下。张博同学，你知道吗？"小博连连说："老师，我知道了。"然而，小博在心里却默默地说："唉，老师真麻烦，这些形式上的东西有什么用啊。"

詹老师接着又问："现在我想请问一位同学，农夫为什么要在烈日下给禾苗除杂草？从中你明白了什么样的道理？"学习委员赵小燕举起了手，詹老师说："现在请赵小燕同学来说说她的理解。"赵小燕说："农夫之所以在烈日下除草，是因为这样才能看清杂草。"

刚说到这儿，只听见小博说了一句"傻蛋"，然后直接从座位上站了起来说："不是那个原因，农夫之所以在烈日下除草，是为了让太阳把那些杂草晒死。"说完小博马上坐到了自己的座位上。听见小博如此说自己，赵小燕难过得掉下了眼泪。詹老师于是叫小博站了起来，对他说："张博，你怎么能这样说自己的同学？快跟赵小燕说对不起。"看着詹老师生气了，小博极不情愿地对赵小燕说："对不起，我以后不会这样了。"

看着小博在课堂上如此没有礼貌的表现，班上很多同学都轻声地议论："小博说话简直太伤人了，以后可得少跟他玩儿。""小博为什么发言老不举手啊，真讨厌！"

…………

礼仪解读

课堂上的发言既是老师了解教学效果、活跃课堂气氛的一种手段，也能锻炼小朋友们的口语表达能力，当然，课堂上发言也能向老师和同学们一展自己的才华和风采。课堂发言有很多的礼仪细节需要我们注意，比如，该什么时候发言、发言时的语音语调、如何对待别人的发言等都需要我们注意。如果我们不注意这些细节就会像故事中的张博那样，明明是个成绩不错的学生，却得不到同学的喜欢和尊敬。

看完张博的故事，小朋友们能找到小博行为中不合礼仪的地方吗？当然能。不仅如此，小朋友们也一定能明白小博行为中做法的危害性——小博在课堂发言时不懂得尊重老师、同学，不知道举手发言时应该注意的礼仪，所以伤害了同学，干扰了老师正常的教学，破坏了课堂气氛，也使得班上的同学疏远了他，让他成了"孤家寡人"。

为了不重蹈小博的覆辙，小朋友们十分有必要了解课堂发言时的一些基本礼仪。

跟我学礼仪

1．老师提出问题后，应配合老师积极思考问题。思考成熟后，向老师举手，争取发言。

2．起立来回答老师提出的问题。当举手回答老师提出的问题时，不能坐在座位上回答（特殊原因除外），而应从座位上起立，站起来恭敬地回答老师提出的问题。

3．回答老师提出的问题后，在得到老师允许时，方可坐下。

4．当同学在回答老师的某一问题时，回答得非常完美，老师表扬他后，我们应再给予他鼓励的眼神或是热烈的掌声。

5．如果同学回答错了，不要嘲笑他，应给予鼓励。

6．当老师、同学在发言时，自己应该仔细、认真地倾听，如有必要，应该把他们的发言记在笔记本上。切不可随意打断他们的发言，这既会影响他们的发言思路，也是不尊重他人的表现。

实验室里的违规操作
可能引发危险

你身边的故事

今天下午第一节课，小恒所在的五年级一班要上实验课。课堂内容是用显微镜观察植物的叶片是如何呼吸和"喝水"的。

来到实验室，小恒感到非常好奇，班上其他同学也是东瞧瞧，西望望。教授自然课的李老师说："同学们，今天是你们第一次来实验室做实验，你们的心情我非常理解，但是，请同学们记住，一定要遵守实验室的规则，按老师的要求来做，不要乱触摸、玩耍实验室的任何物品。我们现在开始做实验，请同学们跟着我的步骤进行。"

老师的话刚落，小恒就连忙打开了显微镜，把玻璃切片放在了显微镜下，看了半天，也没有看到植物叶片是如何"喝水"的。这时，与他同组的小红说道："小恒，你还没有在玻璃切片上滴水呢。""谁说要滴水？"小恒不高兴地问。小红看了小恒一眼后说："刚刚李老师说的，你没有听见吗？"小恒摇了摇头，然后说道："我才不想听李老师说呢，他讲得太慢了。"小红说："小恒，你这样做是不对的，在实验室一定要按照老师的话来做。"小恒不高兴地说："那好吧，你来操作，我做记录。"

小恒刚记了没几笔，忽然，他看见显微镜旁边一个水杯里有一块黄色的东西，趁小红不注意，他一把从水中抓起了那块黄色的物品，紧紧地握在手中。没过多久，小恒觉得自己的掌心有点发热，他低下头朝自己的手望去，看见自己的手在冒烟！情急之下，他一下扔掉了手中的黄色物品。很快，那黄色物品就燃了起来。

李老师见状，马上跑了过来，仔细一看燃烧的物质后，立即取下墙上的灭火器把火给灭了。原来小恒刚才从水中抓起的黄色物品是极易自燃的磷。问清楚事故原因后，李老师严厉地批评了小恒一顿。

礼仪解读

可以说，在学校生活中，实验课应该是小朋友们比较热衷的一门课程，在那里我们不只是听老师讲，还会亲自操作，亲眼看见奇妙的变化、奇特的现象。可是，就因为实验课上小朋友们要亲手操作，而且很多实验器材都十分昂贵，一些特殊的实验材料还具有危险性，所以，老师提出了要听从安排、听从指挥、爱护实验室设备、遵守实验室礼仪等要求。可有的小朋友就像故事中的小恒，不听老师的话，自作主张，违规操作，差点出危险。如果他总这么下去，自己的能力得不到锻炼不说，难保哪一天不弄出点大事故来，到那时后悔恐怕就来不及了。

跟我学礼仪

着装得体

进入实验室前，应着装得体，或是按要求穿、换适宜的衣服，不

能穿背心、短裤、拖鞋进入实验室。

遵守规则，听从老师指挥

进入实验室后，必须严格遵守实验室有关规章制度和仪器设备的操作规程，听从实验指导教师的指挥，按老师的要求有序操作。当老师讲解具体操作时，应该放下手中的仪器设备，认真听老师讲解，做好笔记，记好操作程序。

认真预习，明确实验目的

具体实验前必须认真预习实验教材，明确实验目的、步骤和方法，以便保质、保量、按时完成实验。

认真检查

实验开始前必须认真检查实验仪器设备和器材，如果发现有损坏、丢失等情况，应及时报告老师，以便老师处理。

爱护实验室设备，节约用水用电和材料

实验室的仪器、设备，以及材料和标本都十分贵重，因此在操作时一定要好好爱护，轻拿轻放，注意节约、节省。如果不小心损坏，应及时报告老师，不能互相推诿责任，更不能悄悄溜走。

不乱动实验室物品

未经许可不得动用或使用无关的仪器设备及其他物品，更不得偷偷将实验室内的任何物品带出室外。在有计算机的实验室，不得携带光盘进入，也不得随意改动计算机设置，不准利用计算机做与实验内容无关的操作。

注意安全，防止人身和设备事故的发生

在实验过程中，一定要按要求操作，注意安全，若发生事故应立即向指导老师报告，并保持现场，不得自行处理。待指导老师或实验

室技术人员查明原因排除故障后，方可继续做实验。

听从老师的安排，有问题要举手

在实验过程中，如有不明白的地方或是遇到问题，应举手问老师或是实验指导老师，不能自作聪明，擅自处理，以免发生危险。如果老师此时正在给别的同学讲解问题，应耐心等候，不要大声叫喊或表现出不满情绪。不得随意换组，也不能到处乱串，更不能与同学嬉笑打闹，以免碰翻实验器材，发生危险。

保持实验室内卫生，整理实验设备

实验室作为教学的重要场所，里面有很多精密仪器，以及一些易燃物品，因此实验完毕后，应自觉打扫实验室卫生，按老师要求将废物、杂物放在指定地点，同时整理好实验器材，经老师检查合格后，自觉排队走出实验室。

自习课上要保持安静

你身边的故事

星期一的早上，吃过早饭后，小聪背上书包就向学校走去。刚到校门口的时候，他就听见早自习的铃声响了。

进入教室后，小聪昂首挺胸地走向自己的座位，并把教室的地板踏得咚咚响，正在读书的同学纷纷抬起头，用鄙夷的眼光看着他，可小聪依然我行我素。走到座位前，他随手把书包往桌上重重地一扔，一把拖过椅子，然后重重地坐在上面。看着小聪的这些动作，同桌小红轻声地说："小聪，你轻一点好吗？"小聪两眼一翻，大声说："知道了，看你的书吧！"随后他拿出一本书高声地读了起来，读到高兴处，小聪还拿着自己的文具盒不停地敲打课桌。

小红实在无法忍受小聪这种读书方式了，便拿着书包，到教室后面的空位上去了。

礼仪解读

所谓自习课，就是同学们自觉学习的时间，在这段时间里是不应该再由老师监督的，学校设置这样的课，无非是想锻炼同学们的自学

能力和自制能力。不遵守自习课堂礼仪的同学会遭到同学们的鄙视。

跟我学礼仪

1．有自觉的学习态度，才能上好自习课。学习，说到底还是个人的事，要想取得好的成绩，就得有自觉的学习态度。

2．在教室行走要慢步、轻声，不要风风火火，也不要大吵大闹，以免影响其他同学读书学习。

3．尊重其他同学，读书声音不要太大。在教室读书时，一定要考虑其他同学的感受，尽量不要影响他人的学习。如果是默读时间，就一定不要读出声来。

4．学习用具要尽量做到轻拿轻放，不要用学习用具敲打桌椅，以免惊扰同学的学习，也不要与同学在课堂上谈论与学习无关的事。

5．一心一意。读书学习最忌讳的就是三心二意，那样既浪费时间，也没有效率。读书学习应努力做到如李大钊烈士所说的那样："学习时，要忘我地学习；玩耍时，要忘我地玩耍。"

6．不嘲笑同学。当同学读书时，读错了某个字，不应该取笑他，那是不尊重同学的表现，会伤害同学的自尊。出现这种情况，最好的办法是课后委婉地告诉他。

7．不干扰同学。同学读书学习时，应尽量不要打断、打扰他。如果无故打扰或是打断别人，会引起同学反感。

8．和同学探讨问题，要尽量压低声音，不要影响到第三方学习。

尊重老师体现在细节上

你身边的故事

　　星期一的早上，在学校门口，小白碰见了语文老师。他赶紧把头一低，加快了脚步，从语文老师身旁一晃而过。虽然他走得很快，可语文老师还是看见了他，并对他笑着说："林晓白，你走那么快干吗？"小白头也不回地说道："不干吗，我怕迟到了。"说完，小白便飞快地走了。走到楼梯口的时候，小白看见数学老师正抱着一大摞作业本向教室走去，他赶紧放慢了脚步，悄悄地跟在数学老师的后面。由于手里还拿着一些教具，数学老师一不小心把几个作业本掉在了地上，费了很大的劲儿才把它们拾了起来。很快，小白跟着老师来到了教室门口，就在数学老师把一只脚迈进教室的一刹那，小白从老师后面一下蹿了过去，结果把老师怀里的作业本弄得满地都是，可他却头也不回地向自己的座位走去。班上同学看见小白如此过分，纷纷要他向老师道歉，他却振振有词："谁叫老师不看着点儿，再说，我也不是故意的。"听着小白如此不讲理的话，班上同学什么也不说了，前排的同学都走下自己的座位，来帮老师拾起掉在地上的本子。自此以后，班上几乎再也没有同学和小白一起玩了。

礼仪解读

有人把老师比作求学者的引路明灯，这是一点儿都不过分的。对于求学者来说，尊重老师是天经地义的事情，是必修的礼仪课程。

有句古话说得好，"师同父母"。它的意思是说，老师就如同我们每个人的父母，为了我们的成长他们绝对做到了呕心沥血。他们用自己毕生的精力把一批又一批的学生送到成功的彼岸。就从这一点来看，我们都理所当然地应该热爱和尊敬自己的老师，并应把那份尊重体现在细节中。

跟我学礼仪

1. 无论是在校外或是校内，遇见老师都应主动行礼问好。不能低着头装作没看见或是远远地躲开，那是非常不礼貌的行为。

2. 进出校门或是在楼梯上遇见老师时，不要与老师抢道，应该主动给老师让道，请老师先行。

3. 主动为老师让座。在人多拥挤的公共汽车或是轮船上，如果有座位的你看见了站着的老师，应该马上站起来，请老师来坐。

4. 看见老师手中拿着许多东西，要主动上前帮忙，不能马上跑开或是当作没有看见。

5. 向老师请教问题时要说"请问"，老师回答后，应说"谢谢"，然后再对老师说"再见"方可离开。

6. 老师在与人交谈或做事时，不可随意打断、干扰老师，应躬身站立在一侧，等老师交谈完毕或是做完事后再找老师。

7. 上课认真听讲，不做小动作，不惹老师生气。老师每天都为

我们传授新知识，有时一连讲几个小时的课，这是非常辛苦的。所以尊重老师，就应认真听讲，不做与课堂无关的事，不惹老师生气。

8. 积极回答老师的提问，发言要举手，中途不得无故离开教室，上课迟到应先向老师喊"报告"，得到允许后方可进入。

9. 珍惜老师的工作及劳动成果，认真完成老师每次布置的各项任务。

10. 不对老师的衣着、相貌指指点点、评头论足，要尊重老师的习惯和人格。随便和同学议论老师的衣着相貌，即是不礼貌的行为，也是没有教养的表现。

11. 课堂上不与老师开玩笑或是说不雅的话，任何时候都不能直呼老师的姓名。要记住，老师一旦成为你的老师，他就终身是你的老师，你应该永远尊敬他。

12. 教师节的时候，为老师送上一份小礼物以表达自己的祝福。礼物如果是自己亲手做的就更好了。

与老师交谈要注意礼节

你身边的故事

小舸是光华小学五年级二班的一名学生，他的语文成绩不太好。眼看期末考试又要来了，他决定待会儿上课时问问语文老师王老师如字好语文。

上课铃响后，班长喊过"起立"后，王老师开始上课了。这时，小舸举起了手，王老师问道："张舸，你有什么事吗？""王老师，我想问问你我应该如何学习语文？"小舸回答道。王老师笑着说："张舸，现在是老师给全班同学上课的时间，你的问题咱们课后到办公室谈，好吗？"可是小舸却说："干吗要去办公室呀。"王老师只好说："那就等下课后在教室里跟你说。"小舸点了点头。

下课后，王老师走到小舸跟前，坐在椅子上的小舸丝毫没有想站起来的意思。王老师也没跟他计较，就问："张舸，你先跟老师说说你平常是怎样学习语文的。"小舸说："按你的要求学的啊，每天认真听讲，按时完成作业，可为什么成绩却提高不了呢？"

"那你觉得你现在的学习方法适合你吗？"王老师问。小舸两手一摊，冲着老师大声说："我哪儿知道啊，要是知道的话，我就不问

你了。"王老师微笑着说:"也是。"接着王老师又说:"学习语文可能有时的确会感到无从下手,不知该怎么做,但语文课的学习,仅仅依靠课堂那点儿时间是完全不够的,课堂上老师讲的是学习的方式方法,你必须还要在课后进行大量的阅读,培养自己的语言感知能力和阅读理解能力,只有这样才可能学好语文。"

"张舸,你说是这样吗?"王老师问道。问了两遍之后,小舸才如梦初醒般地抬起了头,连连说:"老师说得有道理。"

这时,上课铃响了,王老师对小舸说:"张舸,今天的谈话就到此吧,我还有课,明天交给老师一份你的语文学习计划。"小舸头也不抬地说了一句:"我知道了。"

礼仪解读

一句俗语说得好,"与君一席话,胜读十年书"。老师作为文化知识的传播者,与他们交谈,可以让我们获得一些知识和信息,可以解决我们思想、学习和生活上的一些困惑和问题,还可以增进师生间的情感和友谊。因此,小朋友们在有机会而老师又方便的时候,应该主动、积极地与老师接触、交谈。

故事中小舸与老师的谈话可以说是不成功的,虽然老师是一心一意地在与小舸谈话,并告诉了他应该如何学习语文,但小舸根本就没有认真听老师说话,甚至还有一些不尊重老师的言行。小舸之所以会如此,就是因为他没有意识到与老师谈话应该注意一些必需的基本礼仪。因此为了在与老师交谈时营造一个和谐、融洽的交谈氛围,以达到交流思想和情感及学到更多知识的目的,我们有必要了解在与老师交谈时应该注意的一些基本礼仪。

跟我学礼仪

1．与老师交谈，应该尽量选择合适的时间和恰当的地点。交谈时间应该选在课前或是课后，再或是周末；地点应该选在老师的办公室或是校园的亭子里面。最好不要在课堂上进行交谈，以免影响其他同学。

2．与老师交谈要热情礼貌，不能做出一副爱理不理的样子，也不能闭口不语。与老师交谈应热情、大方，要积极、礼貌地回答老师提出的问题。

3．在与老师交谈的过程当中，精神一定要集中。切忌心不在焉，不能答非所问，东张西望，或是局促不安，不停地做一些小动作，比如，搓手、搔头、玩弄自己的指甲等等。

4．与老师交谈时，应该使用敬语，比如，"请您告诉我，好吗？"或"您是我永远的老师"之类的话。不能使用脏话、粗话和刺话。

5．与老师交谈时，应该衣着整洁，在办公室交谈时，如果老师没有让你坐下，自己就不能擅自坐下。如果你与老师坐着交谈，自己的坐姿一定要端正，不能坐得东倒西歪，或是跷着腿。

6．与老师交谈时，应该认真倾听老师的话语，双眼平视老师，不要随便打断老师的话。该你说话时，一定要积极、大胆地发表自己的意见。

7．与老师交谈时，应该注意一些忌讳话题，下列话题最好不要与老师交谈：老师的个人问题；老师的收入问题；老师与老师之间的关系；议论其他老师或校领导等等。

8．要注意反馈和情感交流。与老师交谈时，不能只是听老师一个人说，应适时说出自己的观点与想法，以达到交流思想和情感的目的。

向老师提意见要有礼貌

你身边的故事

今天是刘老师第一次给五年级二班的同学上课，这也是她走出师范大学后的第一堂课，所以刘老师早早就来到了教室，为这次上课做好了一切准备。

刘老师在黑板上写完了生词，班上的张晓伟突然站了起来，大声对刘老师说："刘老师，你也会犯错误啊？"哈哈大笑两声过后，他得意地指着黑板上的"屈强"说道："老师，据我所知，好像没有'屈强'，只有'倔强'的写法吧。"

刘老师回过头一看，因为自己刚才过于紧张，果然把"倔"字少写了一个偏旁，想到自己第一次上课就犯了这样低级的错误，刘老师的脸顿时变得通红。只听见晓伟又说："刘老师，我说得对不对呀？你倒是给我个说法呀？"刘老师转过身来，满脸通红地对晓伟说："张晓伟同学，你说得非常正确，老师的确写错了，谢谢你给老师指出错误。"

晓伟一听刘老师这话就更得意了，对同学一番挤眉弄眼之后，用嘲笑的口气说："刘老师，这样简单的错误只可能我们犯，你以后可不能再这样了，以免误了我们。"说完，晓伟便坐到了自己的座位上。

听见晓伟如此说话，刘老师红着脸眼泪说："同学们请放心，老师保证以后再也不会犯这样的错误。"看着如此尴尬的情景，班上同学都轻声议论说晓伟今天实在太过分了。

礼仪解读

古人说得好，"人非圣贤，孰能无过"。当然，老师也不例外，他们在教学的过程当中也会偶尔犯一些小错误。我们发现老师的偶然错误时，应该礼貌地指出，而不应该讽刺、嘲笑老师。如果那样做的话，既是不尊重老师的表现，还可能会伤害老师的自尊，进而影响到师生关系，这是非常不利于老师的教学和我们的学习的。

在这方面，故事中的晓伟做得就不好。对老师尤其还是一个刚走上工作岗位的新老师，晓伟缺少了必要的宽容，极尽讽刺、挖苦之能事，有意刁难老师。这样的做法是对老师的极其不尊重，是不符合尊师礼仪的。试想，对于这样的学生，老师会喜欢他吗？同学会喜欢他吗？不用说，小朋友们也知道，相信小朋友们不会像晓伟那样做。

跟我学礼仪

1. 不嘲笑老师的偶然错误。当老师偶尔出现错误，比如，写错了字，误读了一个字的发音或是说错了一句话，我们不应该嘲笑、讽刺或是在班上带头起哄，那是不尊重老师的表现。

2. 不故意刁难老师。当老师出现错误后，不应该故意刁难老师，比如，要求老师把以前读错的字再读一遍，或是马上要求老师给自己或全班同学道歉。

3. 态度要诚恳。指出老师错误时，态度应该诚恳、谦和，不要

洋洋自得，更不能挖苦老师。

4．方式应当恰当。指出老师错误应该采用恰当的方式，不能不顾及老师的面子和自尊以及可能产生的影响。比如，课堂上老师板书时写错了一个字，你应该在老师写完后，再举手向老师报告；当老师讲课时，说错了一个字，你应该在老师说完这句话或是在课后，举手向老师报告或单独找老师，然后告诉他，不可马上打断老师讲话，指出他的错误，那样会打断老师的思路，影响上课。

5．用语要文明。指出老师的错误，用语要文明，应该这样说："老师，对不起，您有个字写错了。"不能用这样的语言："喂、哎，你把××字写错了。"

6．不要进行人身攻击。指出老师的错误时，切不可进行人身攻击，比如说这样的一些话："你简直比猪还笨"、"你不配当我们的老师"等等。

服从老师管理，
不顶撞老师

你身边的故事

这学期刚开始不久的一天，小坡和同桌小江在学校的草坪上玩游戏。学校的一位老师看见了，要求他们赶快出来。小江听话出来了，可小坡不肯。

小江走到草坪的外面后，那位老师问他和小坡的名字、班级。回答完老师的话，小江又说道："老师，对不起，我知道错了。"那位老师说道："没事，知错能改就是好孩子，快回教室去吧。"小江向老师说了一句"谢谢"，就向教室走去了。

过了一会儿，那位老师带着班主任李老师来到草坪外面，李老师对小坡说："何坡，你赶快出来！"听见李老师严厉的话语，小坡极不情愿地站了起来，慢腾腾地向李老师走去。待小坡走到面前，李老师问："何坡，刚才这位刘老师叫你出来为什么不听？你怎么就不能向小江学习，听老师的话呢？""我才不向那个孬种学习呢。"小坡说。两位老师被小坡气得不知该说什么。李老师说："现在不跟你讨论这

个问题，你先向刘老师道歉。"小坡头也不抬地说："我没错，不道歉。"李老师说："你不服从老师的管理，顶撞老师，这难道没错吗？"小坡说："这又不是他的草坪，凭什么他让我出来我就得出来啊？"

看见小坡如此顽固的态度，刘老师摇了摇头，对李老师说："你把他带到你的办公室去吧，我有事先走了。"看着刘老师远去的背影，小坡轻声地说："就不道歉，看你们能把我咋样。去办公室又能怎样，难道怕你不成。"

无奈，李老师请来了小坡的妈妈。听李老师说完情况，妈妈要小坡马上给老师道歉，在妈妈面前小坡没了能耐，只好嘟囔了一句："老师，我错了。"

礼仪解读

人都会犯错。问题关键在犯了错误后的态度上，犯了错误后死不认错、不服管教的人才是最可悲的。尤其是处于成长阶段的学生，老师在我们做错事的时候及时指出、纠正，对我们的成长来说是再好不过的事情了。所以，当我们面对老师的批评时，我们要心怀感激，只有这样才能报答老师对我们的付出。

可是，有的小朋友不懂这个道理，因为他们不能正确认识老师的批评，结果导致了他们在行动上不服从管理，顶撞自己的老师。这些行为从表面上看是不礼貌的，不合礼仪的，也是缺乏教养、人品低下的表现，而从本质上看则是对自己的损害。试想，作为一个学生，如果老师放弃了对你的培养、教诲，你会发展成什么样？是不是就像失去园丁的小树一样，越长越歪了？道理很简单，也很容易明白，关键看小朋友们在做事时采取什么样的态度，态度决定一切。

跟我学礼仪

1．及时认错。如果自己违反了班规校纪，应该及时向老师承认自己的错误，不要试图掩盖或是隐瞒自己的错误。

2．不说气话、怪话、脏话。犯了错误以后，老师批评你时，不应对老师说气话、怪话、脏话，比如，对老师说这样的话："我什么都不想说，随便你怎么处置"、"不要以为你是老师，我就怕你"等等。

3．态度要端正，虚心接受老师的教诲。犯了错误，老师批评你时，应该态度端正，虚心接受，不能强词夺理，也不能挖苦或是讽刺老师，更不能跟老师记仇，伺机报复老师，那是非常错误的行为。

4．不要忘了说"谢谢"。犯了错误后，老师苦口婆心地教育你，是为了让你认识到自己的错误，以免在今后的学习和生活当中再犯。所以，在老师教育完你后，你应真心实意地向老师道一声"谢谢"。

5．服从学校工作人员或是宿舍管理员的管理。学校的工作人员和宿舍管理员虽然不是自己的任课老师，但也应该尊重他们，如果违反了校规校纪或是宿舍管理条例，应该自觉接受他们的批评和教育并加以改正，不能顶撞他们。

对老师要说实话，
不欺骗老师

你身边的故事

星期一的早上，小柯吃过早饭后，背上书包便和班上同学小燕、小雨一同向学校走去。走到半路的时候，小柯看到许多人围着一个正在耍猴的老人，于是也过去看。小燕和小雨担心迟到自己先走了。

当小柯走到教室门口的时候，王老师已经上了十分钟的课。

下课后，小柯被王老师叫到了办公室。"你知道，我为什么叫你来办公室吗？"王老师对小柯说。小柯心里明镜似的，可他却装着不知，还摇了摇头。王老师说："那我就告诉你吧，是因为你今天迟到的事情，请你告诉老师，为什么迟到那么久？"小柯随口就说："今天塞车特别厉害，所以来晚了。"王老师说："是吗？你不是一直都步行上学吗？今天怎么想起坐车了？"小柯说："今天腿不舒服。"恰巧这时小燕给王老师送水杯过来，听见了小柯的话，就走到小柯面前说："小柯，你可不能跟老师撒谎，那是不诚实的表现。"

小燕又对老师说："老师，早上小柯和我还有小雨我们一起上的

学，走到半路时，小柯去看街对面的热闹去了，所以来晚了。"看着小燕当着老师的面揭穿了自己的谎言，小柯对小燕说："小燕，你卖友求荣，我恨你！"

听了小柯的话，王老师严厉地说："小柯，你怎么能这样说小燕，她是为你好啊！快向小燕道歉。"

小柯说完"对不起"，王老师接着说："小柯，做人应该诚实，你难道连说真话的勇气都没有吗？"小柯也觉得自己做得挺过分的，就惭愧地低下了头。

礼仪解读

小朋友们都还记得"狼来了"的故事吧，故事中的小男孩为自己的谎言付出了生命的代价，其教训可谓惨痛！对于小朋友们来说，跟老师说谎，虽不至于丢掉性命，但对你的成长也是有百害而无一利的。既然你要用谎言来搪塞别人，那肯定你做的不是什么好事，既然不是好事，如果不及时改正、及时弥补的话，就会向更坏的方向发展，甚至于发展到无法弥补的地步。

撒谎的人到什么时候都得自己喝下自己酿的"苦酒"。因此，小朋友们应该做一个诚实的人，尤其在学校，一定不要跟老师撒谎，以免错误由小变大，甚至在错误的路上越走越远。就像前面的故事，如果不是小燕及时向老师说明真相，王老师对小柯的话信以为真的话，就会让小柯产生一个错觉——撒谎很好，那他就会继续撒谎下去，今天迟到，明天早退，后天旷课，长此以往，小柯会发展成什么样子可想而知。

跟我学礼仪

1. 对老师要实事求是、实话实说。实事求是、不欺骗老师是尊重老师的表现之一，作为学生，应该在任何时候都要对老师说真话，不能欺骗老师。只有这样，才能让老师了解真实情况，有什么问题才能得到老师的指导和帮助。

2. 不故意编造谎言去欺骗老师。谎言始终是谎言，不管你编造得如何完美，总会有大白于天下的时候，到那时，你将失去老师和同学对你的信任。

3. 犯了错误，应该及时、主动向老师承认，不要为自己的错误辩解，或者是用假话来欺骗老师。

4. 不为同学或好友的错误说谎，欺骗老师。当自己的同学或是好友犯了错误，你不能"帮助"同学用谎言、假话去欺骗老师。表面上看来，你是在帮助同学，其实你这样做是在害他，这会让他认识不到自己的错误，在以后的学习和生活中，他就可能再次犯同样甚至更大的错误。

进入老师办公室
不要太随便

你身边的故事

星期二上午最后一节是自习课，小冬在做数学作业时被一道题卡住了，于是去问老师。

来到办公室门前，小东见门紧关着，二话没说伸手推开门就闯了进去。已经站到办公室的中央了，他才发现，老师们正在开会，并且校长也在。老师们都惊诧地看着他。这时，数学老师问道："小冬，你有什么急事吗？"小冬大声地说道："我想问您一道题。"听见小冬如此一说，老师们轻轻地叹了口气。

数学老师接着说："老师现在在开会，你先出去等一会儿，开完会就叫你。"小冬退了出去，数学老师赶紧走过去轻轻地把门关上了。

老师们开完会后，数学老师把小冬叫了进来。一进办公室，小冬就大着嗓子说："老师，刚才可把我吓坏了。"边说小冬便拉过一把椅子坐在了老师的旁边，并且还跷起了二郎腿。数学老师见状温和地对小东说："小东，在办公室要注意礼貌。"

在老师解题的过程中，小东东瞅瞅，西看看，还不时地翻看老师桌子上的东西。

不到五分钟，老师解出了那道题，并把解题的过程给小冬看。小冬看了一会儿，明白了老师的思路，对老师说："谢谢老师，我知道了。"说着他顺手把那张草稿纸扔在了地上，然后径直出了办公室，门也没关。

礼仪解读

尊师，有很多方面的礼仪需要我们注意，就拿进入老师办公室来说，就是其中重要的一项。

在学校里，老师陪伴着学生们度过了每一天，在这每一天中，老师就像父母一样，关心着学生的喜怒哀乐，关心着学生的进步与退步，这难免让学生对老师产生亲切感、熟悉感，就像和父母的关系一样。可是，有些学生太不把老师当外人了，忘记了必要的尊师礼仪，忘记了和老师在一起时有一些细节是需要注意的，所以就出现了随便进出办公室的行为。

通过小东的故事，相信小朋友们都明白了，进入老师办公室这件事，看似简单，但却有很多的礼仪需要我们注意，不然的话，就很可能像小冬那样冒冒失失，给人留下不好的印象。

跟我学礼仪

经过允许才可以进入老师的办公室

进入老师办公室，首先应喊"报告"或是敲门，在听到"请进"后方可以进入。切不可在没有打任何招呼的情况下，推开门直接进入。

举止要得体

进入办公室后，最好不要东瞧西望，也不要在老师没有允许的情况下自己找座位坐下。

不随便乱翻老师的东西，或随便打开老师的电脑

在老师办公室，不要随便乱翻老师的东西。如果你确实想看看老师的某样东西（老师的隐私除外），也应先征求老师的意见，得到允许后方可翻阅。

不要影响其他老师办公

有事去老师的办公室时，进入后脚步应尽量放轻，与老师的交谈声音不要太大，以免影响办公室内的其他老师办公。

掌握好时间

去老师办公室，应掌握好时间，没有紧急的事情，去老师的办公室应该在上课前下课后或者是放学后，待的时间也不宜过长。

离开办公室要和老师说再见，随手轻轻关门

离开老师办公室时要记得跟老师说再见，并随手轻轻将门关上，不能用力大声摔门。

扫码获取
更多资源

接待老师家访礼仪

你身边的故事

近来，小伟的成绩直线下滑，而且上课老是爱打瞌睡。这让班主任刘老师非常着急。于是，刘老师决定在周末到小伟家去做一次家访。在星期五的下午，刘老师便把决定告诉了小伟。

可刘老师到小伟家后，发现他没在家。小伟的妈妈说："他呀，下午放学回来后，说他晚上有事找同学，我们就让他去了。"刘老师现在才明白，原来小伟根本就没有把她今晚要来家访的事告诉爸妈。刘老师心想，肯定是小伟害怕自己向他爸妈告状，所以，也就没有说明小伟今晚离开家的真正原因。

刘老师说明来意，小伟的妈妈说："刘老师，不瞒你说，我和小伟他爸最近都下了岗，家里日子过得挺艰难的，我们都觉得对不住小伟这孩子。每天放学后，他都要主动和他爸去路口卖一些小商品，直到很晚才会回来。吃完晚饭后，他再去做作业，所以，他每天晚上总是睡得很晚。"

刘老师顿时明白了。她对小伟的爸妈说："小伟真是一个懂事的好孩子！不过，他的年龄还很小，你们应尽量少让小伟做一些买卖上

的事，这会对他的学习产生一些不良影响。"接着刘老师又说："小伟在学校里表现一直都不错，非常尊敬老师和团结同学，和同学的关系也相处得很不错。只要他把全部的心思都用在学习上，小伟这孩子将来一定会大有作为的！"

正说话间，小伟回来了。他一看见刘老师，匆忙说了一句"刘老师好"后，便想跑到门外去。刘老师笑着说："小伟，刘老师已经知道其中的原因了，快回来吧。"小伟轻声地问道："刘老师，你没告我状啊？"

刘老师和小伟的爸妈一听这话，都哈哈笑了起来。看着爸妈开心地笑着，小伟才知道自己误会老师的家访了，于是对刘老师说："刘老师，对不起！"刘老师笑着说道："没事。"小伟高兴地把老师送到了门口的车站，直到老师上车后，他才转身朝家里走去。

礼仪解读

对于小朋友们来说，有一种人的来访是很让自己头疼的，那就是老师。为什么会头疼？因为自己在学校表现不好，害怕老师向自己的父母告状。这其实是不能正确看待老师家访的不良心态造成的。

世上没有任何老师会希望自己的学生不好，老师任何行为的出发点都是为了学生的进步。因为小朋友们还没有很强的自制能力，必须由父母、老师进行监督才会少走弯路，尽快成才，老师的家访就像是一座桥梁，它能让家长了解到孩子在学校的表现，也能让老师了解孩子在家中的作为，这对老师、家长及时指出自己的不足是很有好处的。所以，当老师来访时，小朋友们除要懂得一般的待客礼仪外，还要端正态度，掌握一定的待师礼仪。千万不能像故事中的小伟那样，把老

师的一片好心误认为是"歹心"，一听见老师要家访，脑子里闪过的第一个念头就是老师要向自己的爸妈告状。

跟我学礼仪

认真准备

当老师要来家访时，一般会提前告诉你，你也应该及时告诉父母，打扫好房间，让父母留出时间与老师见面交谈。

热情迎接

当老师快要到达时，你应提前到车站或自家楼下迎接。把老师带进家里后，应马上给老师安排座位，同时为老师端上饮料或茶水，然后把父母的情况简单告诉老师。

认真聆听

当父母和老师交谈时，我们不应该溜出去玩，而应静静地站在旁边聆听，尽量不要插嘴。同时，对老师和父母指出的缺点要做好记录，以便以后及时改正。如果老师和父母的交谈需要我们暂时回避一下时，我们应静静退到里屋去。

不要妄自猜测

对任何老师任何时候的家访我们都应持欢迎的态度。要知道，老师来家访是为了与家长交流我们的情况，是为了我们好，一定要体会老师的良苦用心。

礼貌相送

当老师家访完毕离开时，应对老师的家访表示感谢。老师离开时，我们应把老师送到楼下或是车站。

第八章
同学相处礼仪

同学间要以礼相待

你身边的故事

小勇是五年级二班的一名学生。他仗着自己身高体强，总是不把班上的同学放在眼里。与同学说话时，他也是一副盛气凌人的样子。要是有同学不小心惹恼了他，他便不问青红皂白甩出一大堆脏话，有时甚至还动武。

一天，看见同桌新买的文具盒，小勇非常喜欢，就强迫同桌跟他换用。同桌不同意，他就伸手去抢。

见他如此蛮横，同桌赶紧用双手紧紧抱住自己的文具盒。不想这个保护的动作却激怒了小勇，他嘴里骂道："你这倔牛，看老子今天怎么收拾你。"骂完这句，他便一拳打在同桌的脸上，顺势一把抢过了文具盒，接着又挥舞着自己的拳头，还想教训一下自己的同桌。

这时，班上其他同学叫来了老师，老师马上制止了小勇的行为，并把他叫到了办公室，狠狠地批评了一顿，还让他向自己的同桌道了歉。

礼仪解读

　　除了父母，小朋友们每天交往最频繁的就应该是同学了。所以，小朋友们要格外注意与同学交往的礼仪。和同学交往，首先要注意的是相互尊重，只有尊重别人，才能赢得别人对你的尊重，从而结交到更多的朋友。如果一个人不懂得尊重别人，处处为难、嘲笑、伤害别人，那么，在与人交往之中，你就会举步维艰。

　　故事中的小勇仗着自己身高体强欺负同学，结果自己也被同学们孤立了起来。谁愿意同一个不尊重自己的人做朋友呢？所以，小朋友们在与同学交往时一定要注意礼节，要对同学以礼相待，多年之后我们会发现同学之间的情谊是最值得我们珍惜的情感之一，而这份真挚的情谊就形成于我们平时的点滴交往中。

跟我学礼仪

礼貌当先

　　在与同学交往过程之中，应处处、时时使用礼貌用语。比如，"你好"、"请"、"谢谢"、"对不起"、"再见"等。

衣着整洁，服饰大方

　　整洁的衣着、得体的服饰往往能给人留下好的第一印象。这十分有利于你与同学建立友好关系。身着奇服或衣冠不整往往会给人不好的印象，会让人敬而远之，这对一个人良好人际关系的建立是很不利的。

谦虚有礼

　　清高自大、目空一切的人，往往会瞧不起自己的同学，同样对于这样骄傲的人，别人也不愿意与他交往。所以，要想使自己得到别人

的接纳，同别人建立很好的友谊，就必须做到谦虚有礼。

信守承诺

与人交往，信守承诺非常重要，这会给人留下诚实可靠的印象，对于这样的人，人人都愿意与他做朋友。所以，在与人交往中，一般不要轻易向别人许下承诺，一旦答应了别人的事一定要努力完成，如果没有完成，应及时向人道歉。

不打架，不欺负弱小同学

打架斗殴，以强凌弱，既是缺少教养、不尊重同学的表现，也是胆小鬼和怯弱者的行为，是会让人反感和厌恶的。对这样的人，没有哪个同学会愿意与他交往。

做事不自私

集体的力量是无穷的。所以，同学之间应该互助友爱，不能只顾自己，要学会与同学合作。这样才能使自己的力量得到充分的发挥，同时还能培养自己的团队意识和集体主义精神。

主动帮助有困难的同学

在学习和生活的过程当中，每个人都可能遇到一些困难、挫折和失败。所以，我们应该主动帮助那些遇到困难、挫折和失败的同学，表示我们的爱心，这不仅可以得到他们对我们的尊重，还会让我们收获沉甸甸的友谊。

赞美，不能言过其实

你身边的故事

桐桐是四年级二班的学习委员，学习成绩还不错。今天上午是半期考试的最后一科——数学，交了试卷以后，桐桐就往楼下停车场走去，那儿是他和同学苗苗、方方每天回家时的集合地点。

桐桐刚到一会儿，方方就来了。看见桐桐后，方方说："桐桐，你这次肯定考得不错吧？"桐桐摇了摇头说："考得不好，有两个题没有完全做出来。"方方一听这话，马上说："嗨，你怕什么呀，说什么你也是学习委员，再差也有我给你垫底啊。"桐桐笑了一下说："方方，看你说什么话呀，其实我们俩成绩差不多。"一听桐桐这话，方方就说："你就别谦虚了，我知道你是天下第一，我哪能跟你并肩啊！"

听着方方越来越离谱的赞美、恭维之辞，桐桐一时也不知该怎么对他说。这时，苗苗也来到了停车场，她问道："你们今天考得怎样啊？我感觉自己考得一塌糊涂。"桐桐正想开口回答，方方抢先说："我也考得不好，不过桐桐考得很好，没有什么题可以难住他。"听见方方的话后，桐桐赶紧说道："苗苗，你别相信方方的话，我也考

得不好，有两道题没有完全做出来。"

苗苗笑着说道："我刚才听老师说这次题挺难的，不过我还是相信桐桐你会考得不错的，你不会做的题，班上又有几个人能做出来呢？"听着苗苗得体、恰当的赞美之词，桐桐心里非常高兴，他说："苗苗，你也别太担心这次考试，如果没有考好也没关系，我一直都觉得你很聪明，只要你努力，我相信，终究有一天你会取得好成绩的！"

桐桐刚说完这句话，方方就接着说道："我知道你们都是天才，将来一定会是班上的并列第一。"听见方方如此的赞美之辞，苗苗说道："方方，你怎么能这样说话？我们大家都一样，其实你的学习成绩比我还好啊，你看我哪次考试成绩超过你来着？"

方方不知道该说什么好，就独自埋着头走到前面去了。

礼仪解读

赞美是一门学问。巧妙、得体地赞美别人，不仅是一种礼貌，也能发扬被赞美者的美好品德和推动彼此间友谊的健康发展，还可以消除人际间的不快和怨恨，更会帮你赢得对方的尊重，提高你在别人心目中的地位。我们不要吝啬对别人的赞美，可是，赞美绝不是一件易事。赞美别人时如不掌握分寸，不懂得一定的赞美礼仪，即使你是真诚的，也可能会变好事为坏事，甚至引起别人的误会，造成不必要的麻烦。

看完上面的故事，小朋友们不难发现，方方的赞美之辞过于浮夸，甚至有点挖苦的味道，面对这样的赞美和恭维，没有哪个人会喜欢的。请同学们记住：最有实效的赞美不是"锦上添花"，而应是"雪中送炭"。

跟我学礼仪

情真意切

只有那些发自内心的、情真意切的赞美才能得到别人接纳，才能给别人带来成就感和快乐。反之，毫无根据、夸大其词、虚情假意的赞美，不仅会给人留下油嘴滑舌的印象，还会让别人怀疑你的品行。

选准时宜

赞美效果的好与坏在于是否相时而动，巧妙得体。比如，当别人计划做一件有意义的事时，开头的赞扬能使他相信自己的实力，对成功充满信心；中间的赞扬有益于他再接再厉，坚持到底；结尾的赞扬则可以肯定他所取得的成绩，也能指出进一步的努力方向。

多赞美对方的能力和品质

赞美别人时，应该多赞美别人的能力和品质，这些是自后天培养和锻炼出来的，更能代表他们的成功，让他们获得成就感。

赞美要详实具体

赞美别人不能含糊其辞。因此，赞美用语愈详实具体，说明你对对方的了解愈详细，对他的优点和成绩愈看重，这会让对方感到你的真挚、亲切和可信，你们之间的距离就会越来越近。

目视对方

无论是赞美别人还是接受别人的赞美都应注视着对方。如果你在赞美别人或是在接受别人赞美时低着头或目视他物，这是不尊重别人的体现，也会让人怀疑你的诚意。

话语不要太多

赞美别人不必话语太多，更不能不断说重复的话语，这会让人觉得你是在无话找话说，也会影响交谈。当然，如果对方对你的赞美、恭维显示出厌烦的样子时，更应该马上停止。

雪中送炭

在生活中，"雪中送炭"远比"锦上添花"更能让人感动，更能鼓舞人。那些有自卑感或身处逆境的人比那些早已功成名就的人更需赞美，一旦他们被人当众真诚地赞美，便有可能振作精神，大展宏图。所以，应该把自己的赞美多给那些有自卑感或身处逆境的人。

主动、适时地道歉
更易于获得谅解

你身边的故事

　　某天，张明在经过王军的座位时，把王军新买的文具盒碰掉在地上给摔坏了，这让王军非常生气。张明赶紧拾起被摔坏的文具盒，诚恳地说："王军，对不起，我把文具盒给你摔坏了。"听见张明这么一说，王军肚里的气顿时消了一半，于是对张明说："不要紧，你又不是故意的，可能我也没有放好。"张明说："不管怎样，你的文具盒是我从桌上给碰到地上摔坏的，我会买一个新的赔给你。"王军说："真的不用，我家里还有一个旧的也可以用。"

　　放学后，王军刚到家就听见电话在响，拿起一听，原来是张明打来的，张明说："王军，你快出来吧，我已拿好钱，咱们去买新的文具盒。"看见张明如此的诚心，王军也不好再拒绝张明，于是他也打开了自己的储钱罐，拿上了钱。

　　等在门口的张明一见王军，主动伸出自己的手来。两人手拉手朝文具店走去。在文具店里，王军很快就选到了一个自己喜爱的文具盒，

张明正准备为他付款时，王军拉住了他，说："张明，你干什么呀？我早不生你的气了，你陪我出来买新文具盒已经让我非常高兴了，要是再让你付钱就太不合适了。"

张明说："那这样吧，你和我各付一半总该行吧。"看着张明真诚的样子，王军只好答应了张明的要求。

从那以后，两人成了形影不离的好朋友。

礼仪解读

在日常生活当中，每个人都会与他人接触和交往，有时可能就会不可避免地因为某事而打扰、影响别人，或是带给别人不便和麻烦，甚至给别人造成某种损害或者伤害。这种情况下，你就要及时承认，主动道歉，只有这样你才能消除窘迫，减轻你对别人的伤害，更易于获得谅解、宽恕，从而使你的人际关系得到进一步的改善和发展，结交更多的朋友。

还有的时候也存在这样的情况，就是明明我们没有错，也要赔礼道歉。这不是虚伪，也不是卑怯。比如，纯属客观的原因，使你无意失信，给对方带来一些麻烦、损失。如果我们一味地找借口，推卸责任，虽然对方口头上不好责怪，但心情总是不愉快的，那就不利于增进友谊。

不管是有错，还是没错，道歉都是一门学问。道歉的态度和方式都很重要，道歉的态度真诚，方式得当，就有可能打破僵局，化紧张为和谐，乃至化"敌"为友，化干戈为玉帛，与人共筑友谊的长城，就像故事中的张明和王军一样。

跟我学礼仪

道歉的原则

1．要有一颗真诚的道歉之心

只有诚心实意，才能以理服人，以情动人，达到道歉的目的。

2．要勇于承担责任

如果确实是自己错了，那么就要勇于承认，承担自己该负的责任，而不能为自己找借口来推脱责任，也不能采用大事化小、小事化了的态度。

3．道歉应及时

如果你不小心打扰或伤害了别人，最好不要拖延时间，应该马上向他表达自己的歉意。如果过一段时间再道歉，不仅会让你有难以启齿之感，而且也会让听者认为你没有诚意，起不到应有的效果。

4．给对方一定时间接受你的歉意

当你道歉之后，对方的怒气或怨气可能还没有完全消除，这时你就应该倾听对方的述说，让他发泄不满，切不可操之过急。

道歉方式

1．面对面道歉

这种方式最为直接，最为有效，双方交流比较方便，可以让对方深切地感受到你的诚心诚意。

2．通过书信来表达你的道歉

这不仅会给人真诚和慎重之感，也可以避免你和对方出现的言语争执，更能给对方冷静思考的时间。

3．通过中间人道歉

如果你实在觉得不好意思面对自己伤害过的人，想避免互相见面时出现的尴尬，你就可以通过一个中间人来向对方传达自己的歉意。但是，你找的中间人必须诚实可靠，能准确传达你的意愿。要是找到一个不恰当的中间人，只会事与愿违。同学之间发生什么问题，完全可以当面道歉，尽量不要通过中间人。

4．托物致歉

选一件合适的礼物，送给自己伤害过的人，有时反能胜过千言万语。比如，送给同学一束花，或是他喜欢的玩具等等。

5．打电话道歉

这种方式比较及时、方便，同时也可以避免双方见面可能会产生的尴尬场面。但这种方式道歉的真诚度往往比较轻，适合于一些口角小事件。

不要给同学起绰号或叫同学绰号

你身边的故事

小刚是四年级三班的一名学生，平日里非常不尊重自己的同学，经常给自己的同学起绰号，或对同学颐指气使，一副不可一世的样子。

一天，班上的小明骑车回家时，不小心跌倒在地，摔伤了腿。第二天，他只好拄着拐杖来上学。可是，刚到教室门口，小刚就看见了拄着拐杖的小明。他对着小明大笑不止，并大声嚷道："大家快来看啊，'铁拐李'下凡来到了咱班。"说完他还跑到小明的旁边，效仿小明走路的样子。

班上同学都纷纷指责他太过分，可他依然我行我素，还说："多管闲事，又没有说你们。"

看见小刚如此地嘲笑自己，小明感到非常难过，以至于在靠近自己的座位时差点跌倒在地，幸亏一位女同学及时扶住了他。看见此情景，小刚又边笑边说："快看啊，'何仙姑'勇救'铁拐李'啦。"看着小刚小丑般的表演，同学们纷纷投来鄙视的眼光。

礼仪解读

尊重是相互的，这在人际交往中体现得尤为明显。只有首先尊重别人，才能赢得别人对你的尊重，从而结交到更多的朋友。

在与同学交往的过程中，有许多基本礼仪常识都需要我们重现，比如说，给同学起绰号或喊同学的绰号，这就是一种不礼貌的行为，是对同学的不尊重。

我们只要设想一下别人对自己的侮辱都会愤怒不已，那么就不要再做侮辱别人的事情了。

跟我学礼仪

不给同学起绰号或叫同学绰号

给同学起一些侮辱性的绰号，或是叫同学侮辱性的绰号都是不尊重同学的表现。

拒绝脏话、粗话

在与同学交往过程之中，切不可使用脏话、粗话，这既是不尊重同学的表现，也会给同学留下没教养的印象。

不说使同学感到伤心和羞愧的话

正所谓："良言一句三冬暖，恶语伤人六月寒。"我们应牢记不说那些使同学伤心和羞愧的话。尤其不应该拿别人的生理缺陷起绰号。

好借好还，再借不难

你身边的故事

一天，小波在写作业时，不小心把自己的钢笔给弄坏了。恰巧，他看见同桌小丁文具盒里有一支多余的钢笔，于是他就对正在专心写作业的小丁大声说道："喂，把你的钢笔借给我用一下。"还没等小丁反应过来，小波已把小丁文具盒里的钢笔拿到了自己的手中。

见小波如此冒失和没有礼貌，小丁心里产生了一丝不快。于是他对小波说："那你什么时候还我呀？我的笔也快没墨水了。"小波头也不抬地说了一句："你急什么呀，写完就还你呗！"小丁又说："小波，你用的时候小心一点，它可能不好使，因为那是我妈刚给我买的新笔。"小波依然没有抬头，只是回答了两个字："知道！"

由于是新笔，老是出现断墨现象，这让小波非常生气，于是他就拿笔帽不停地敲打课桌，以此来出气。小丁此时是看在眼里，疼在心里，他想："小波怎么能这样对待我的笔呀。"于是他非常后悔把笔借给了小波。

终于，小波写完了作业，可他把及时归还钢笔的事忘到了九霄云外。他像平日对待自己的钢笔一样，笔帽也不盖，随手就把钢笔扔在

课桌上然后就跑出去玩了。看着小波如此对待自己的钢笔，小丁默默地告诉自己：以后再也不借给他任何东西了。

礼仪解读

常言道："有借有还，再借不难；有借无还，再借就难。"虽然只有短短的十六个字，但却透析了蕴含于借还之中的深刻道理。既然是借，说明东西不是你的，你就要尽可能地给予别人的东西以呵护，并且还必须要还，还得还得及时，否则下一次别想再借到别人的东西了。

一借一还的确是一件非常简单的事，但是在这借与还的关系之间却能表现出你的礼貌修养和道德素质的高低，从而影响到别人下次还愿不愿意借给你东西，还愿不愿意继续与你交往，还愿不愿意给予你必要的帮助。

跟我学礼仪

征得别人同意

当你向别人借东西时，首先应征得别人的同意，这是尊重别人的体现，也是有礼貌的体现。

爱护自己所借的东西

对于所借的物品，不能因为不是自己的就不爱惜。相反，你应倍加爱惜，这样才能给别人留下好的印象，在你下次再向别人借用什么东西时，别人才乐意借给你。

及时归还

当你所借物品到了归还日期时，一定要准时还给别人，如果有某些原因不能准时归还，你应及时向别人说明，争取续借。

对别人构成打扰时要及时道歉

当你借物品时打扰了别人，应向别人致歉。比如，当你向同学借铅笔时，他正在专心做作业，此时你就应该轻声对他说："××，对不起，打扰你一下，可以把你的铅笔借给我用一下吗？"

没借到东西也不能埋怨别人

当你向别人借东西时，由于某种原因没能借到，你不应该责骂自己的同学，应该大度地对他说："没关系，打扰你了。"

归还物品时，别忘记说谢谢

当你向别人归还物品时，一定要真诚地对物品的主人道一声"谢谢"，并对他说，希望自己某天也能帮他的忙。

搞好同学关系，正确处理同学间的矛盾

你身边的故事

小东和小毛两人从幼儿园到现在一直都是同班同学，关系非常好。看着他俩每天形影不离的样子，朋友一直很少的小华非常嫉妒。他对自己说："我一定要把他们分开，让他们成为我的朋友。"恰巧，有一天，小东和小毛因为一点小事产生了一些误会，放学后两人没有一同回家。

小华认为机会来了，就故意接近小毛并对他说："我听说小东早就不想和你做朋友了。他说你不讲卫生，而且又自私。"听小华这样一说，小毛有点生气了，认为小东太过分，竟然这样贬低自己。

看见小毛生气的样子，小华心里非常高兴。第二天早上，小华早早地就来到了学校，对自己周围的同学悄悄地说道："小毛决定不和小东做朋友了，他要和我做最好的朋友。"周围的同学问他为什么，他说："小毛认为小东太小气、太自私。"中午放学时，小毛有事要晚走，于是小华找到小东并对他说："小东，咱们一起回家吧？"小

东说："好啊。"走在回家的路上，小华对小东说："小毛说你是一个自私、顽固的家伙，不想跟你做朋友了。"小东回答道："不过我确实有点过分，我不怪他。"

下午，小毛刚到学校门口，就看见小东朝自己走来，于是赶紧低下头想绕过去。不料，小东却挡在了他的前面，对他说："小毛，对不起，我们还是做朋友吧？"小毛冷冷地说："算了吧，你不是早就不想和我做朋友了吗？再说，我可是一个不讲卫生、自私的家伙。"

小东一听这话，如堕雾里，于是就对小毛说："我从来没有说过这样的话啊！"小毛说："那你怎么告诉小华说不想和我做朋友，还说什么我自私、不讲卫生？"

小东一听小毛这话，顿时明白了，原来是小华在挑拨他们的关系。于是，他就把小华中午告诉他的话告诉了小毛，小东也才知道小毛根本没有说过那些话。最后，两人完全消除了误会，手拉着手往教室走去。自此以后，他们谁也没有再理过小华，班上其他同学也都离小华远远的。

礼仪解读

有一句话说："海纳百川，有容乃大。"宽容是一个想有所作为的人必须要具备的素质。

可是，现实生活中的许多人却缺少这种生活智慧，在利益面前，在别人的冒犯面前，他们总会斤斤计较，表现得极为小气。这样做是不对的，他们应该让自己的心怀变得宽广一点，对别人的过失多给些宽容。这也是人与人交往最起码的礼仪。

在做到宽容的同时，我们也要严格要求自己，决不能做中伤别人

的事情，千万不能让自己的嫉妒心作怪。

小朋友们请记住，处处宽容是同学交往的基本礼仪，只有这样你才会赢得同学的尊重与爱戴。

跟我学礼仪

不在同学之间说长论短、搬弄是非

与同学相处，如果你说长道短、搬弄是非，迟早会被自己的同学所抛弃，就像故事中的小华。

尊重同学的隐私

每个人或多或少都有自己的一些隐私，如果你恰巧了解同学的一些隐私，切忌到处宣扬。尊重同学的隐私还表现在不随便进入其他班级教室、未经他人同意不动他人物品、不看他人日记、不拆看他人信件、他人阅读信件要自觉回避等。

不斤斤计较，要有一颗包容之心

每个人在学习和生活当中，都难免会犯一些错误。对于自己同学无心所犯的一些错误，我们不妨站在同学的立场上，思考一下，可能你会说："要是我，也会犯那样的错误。"这样，你就会原谅自己的同学，还可能与同学建立起深厚的友谊，交到更多的朋友。

正确看待同学之间的矛盾

与同学发生矛盾时，要多做自我批评，主动和同学沟通，争取早日化解矛盾。如自己不能和同学协商解决，可报告学校、老师和家长，请求他们帮助解决，千万不能动手打自己的同学，更不要找校内外无关人员威胁同学甚至打群架。

与异性同学相处不要不拘小节

你身边的故事

毛毛是五年级一班的一名学生，学习成绩还不错，性格十分活泼，但班上的很多女同学都对他退避三舍，很少有人与他交往，这是为什么呢？先来看看下面这个小故事。

星期二的下午，班上又要进行大扫除，毛毛所在的组负责打扫教室外面的花园。明确了任务以后，毛毛和花花、莉莉等五位同学就拿着劳动工具向教室外面的花园走去。刚到花园，毛毛就用手指着莉莉对她说道："喂，你把花园里的草拔了，我负责浇水。"莉莉看了他一眼，什么也没说。这时，彬彬说道："毛毛，你那样分配不合适，我们男生力气大，应该拔草，女生力气小，让她们来浇水吧。"彬彬的话刚说完，毛毛就看了莉莉和彬彬两眼，阴阳怪气地说道："我知道了，组长大人。"说完这话，他便冲着莉莉和彬彬把自己的两个大拇指挨在了一起，然后诡异地笑了两声。看见毛毛的动作，莉莉顿时满脸通红。

刚拔了不到两分钟的草，毛毛就一屁股坐在地上了。正浇水的花花说道："毛毛，地上很脏，你别坐在地上，快起来吧。"毛毛嘿嘿笑了两声后说道："你有洁癖啊？我就是喜欢坐在地上，偏不起来。"

花花不高兴地说："我没有洁癖，老师不是早就告诉我们要讲卫生吗？"看见花花有点不高兴的样子，毛毛从地上站了起来，又一屁股坐在花园的花台上，然后对花花说道："花花，你说我们班的娟娟是不是全校最丑的女生啊？"听见这话，花花抬起头，瞪了他一眼然后说道："毛毛，你怎么可以背后说同学的坏话，简直太无聊了。"

说完，花花提着水壶就打水去了。尴尬的毛毛四下张望了一下，然后从花台上站了起来，便弯下腰拔草去了。

礼仪解读

看完了这个小故事，小朋友们能找到毛毛不能和班上女同学融洽相处的原因吗？相信每个小朋友一定都有了自己的答案，就是毛毛不懂得与异性同学相处的礼仪。

在日常的学习和生活中，每个小朋友总免不了会与异性同学接触和交往。正确、恰当地同异性同学交往，既能加深对异性同学的了解，与异性同学建立友好、融洽的关系，锻炼自己的交际能力，还可以吸取异性同学身上的优点，这十分有利于一个人的性格发展和人格塑造。而像毛毛那样，大大咧咧，不拘小节，甚至用无礼的方式与异性同学交往，不仅不能与异性同学建立友好、融洽的关系，还可能伤害到异性同学的自尊心，影响同学之间的融洽相处。

所以，小朋友们可不能像毛毛那样，在与异性同学相处时，斤斤计较，大大咧咧，说些不该说的话，做些不该做的事。

跟我学礼仪

女生优先

在与异性同学交往中，应坚持"女性优先"的原则，比如，乘车时主动让女同学先上车，听报告时主动把好位子让给女同学。不能与女同学抢行、抢座，那是没有风度的表现。

相互理解、相互尊重

相互理解、相互尊重是与异性同学交往的前提，试想，如果不理解、尊重异性同学，而是处处与异性同学作对或是侮辱、贬低异性同学，即使你愿意与别人交往，别人也肯定不会同一个与自己作对、不尊重自己的人交往。

自尊自爱，不卑不亢

在与异性同学交往中，应该自尊自爱，一个不尊重、爱惜自己的人，也不会得到别人的尊重和爱惜。应做到既不自轻自贱，也不妄自菲薄。

宽容大度

与异性同学交往应该宽容大度，尽可能理解、宽容异性同学的错误，而不能与异性同学斤斤计较，更不能睚眦必报。要记住：没有人会喜欢与一个心胸狭隘的人交往。

注意个人卫生

个人卫生是一个人内在素质的表现，所以在与异性同学的交往中应注意自己的个人卫生，以给人留下好的印象。平常衣着应该干净整洁，朴素大方，不要浓妆艳抹，也不要穿奇装异服，那样容易给人以虚浮轻薄之感。

举止得体

在与异性同学交往中，举止要有分寸，对待异性不必过分拘束，

也不能太随便，比如，把手放在异性同学的肩上、拥抱异性同学等等。在与异性同学交谈时，身体要站直，不要靠在墙上。如果坐着交谈，应腿不摇、脚不跷。

交谈要谦让，不乱开玩笑

在与异性同学交谈时，应表情自然，言语亲切，表达得体，尽量把说话的时间留给别人，自己认真倾听，不要与人抢着说话，更不能乱开同学玩笑。在与同学交谈时还应注意一些细节，比如，交谈时不要用手指着对方，也不要与人拍拍打打、拉拉扯扯，更不要唾沫星四溅。

尊重异性同学的隐私

不评论异性同学外表的不足，不传播流言蜚语，不揭露异性同学的隐私和"伤疤"，那是不尊重别人的表现，也是一种不道德的行为，更是与异性同学交往的最大忌讳。

把握好时间

异性之间的交往应控制在集体活动的时间内，应尽量避免时间过晚或长时间单独在一起。男女同学间的交往应该是公开的，应限于学习和有意义的娱乐活动范围内。

第九章
活动礼仪

升国旗是一件庄严而神圣的事情

你身边的故事

　　每个周一的早上学校都要举行升旗仪式。当小强走到校门口的时候，离升旗只有五分钟了，可他依然走得不紧不慢。到达操场后，原本该站到队伍前面的他却跑到了队伍的最后面，随即便和隔壁队的小锵聊起了昨晚的动画片。这时，只听见旗台上的老师喊道："全体立正！"小锵马上停止了说话，站了一个标准的立正姿势。小强见状，笑着说道："哎，干吗那么认真，不就是升升旗嘛，咱们接着聊吧。"小强依然保持着稍息的站姿。见小强头上戴着帽子，小锵悄声地说道："升旗时应该脱帽。"小强一听这话，连连摇头，然后说道："太冷啦！要是感冒了可怎么办？"刚说完，嘹亮的国歌便奏响了，小强又把刚才离开教室时拿的面包送到了嘴边。国歌响过之后，他的面包也吃完了。于是他便转过身，打算离开操场。小锵见状赶忙一把拉住了他，说："你怎么能这样啊？老师还没有说解散呢。"小强笑嘻嘻地说："哎，不就是一个升旗嘛，何必这样认真，莫非你想得老师的表扬？"

小锵听见小强这话后，眉头不禁轻轻地一皱，然后说："算我多事，那随你的便吧。"刚说完这话，只听见老师说："全体解散"，小锵便转过身走了。

礼仪解读

国旗是一个国家的象征，作为一个国家的公民，如果不懂得尊重自己国家的国旗，既是对自己祖国的不尊重，也是对自己的不尊重。对国旗的尊重可以体现在好多方面，可是对于小朋友来说，莫过于每周的和大型活动时的升国旗活动了。升国旗是一个非常严肃、庄重的活动，这里面有很深的文化内涵。

有一个真实的故事，一位美国的孩子，随父母来到中国，当他看到中国学校每周举行升国旗的仪式时，也不由得拿出录音机，并在录音机的天线上插上美国的国旗，然后放美国国歌，向自己国家的国旗行注目礼。作为社会主义国家的同学们，我们更应该热爱祖国，按照国旗礼仪去做，因为我们是在维护祖国的尊严，是在向祖国、革命先辈们敬礼。

跟我学礼仪

会唱国歌

国歌如同国旗一样，也是国家的象征和标志，因此我们应该知道国歌，热爱国歌，熟悉国歌，记清每一句歌词，熟悉每一个音符，升旗时应饱含激情地高声、准确唱国歌。

整齐排列

在升旗仪式举行前，每个人应该自觉提前到达升国旗的地点，然

后按高矮次序，整齐排列，面向国旗台，肃立致敬。不能背对着国旗台或是东倒西歪地站在队伍里面。

听从指挥

参加升旗仪式，一定要听从老师的指挥，该立正时，一定要立正，该稍息时要稍息，不能在立正时站一个稍息的姿势。没有听到老师喊"解散"口令，不得擅自离场。

姿势要正确

奏国歌时，要立正、脱帽，如果正在走动，应该马上停下，面朝国旗升起的地方。国歌奏响后，一定要保持立正的姿势，同时摘掉头上的帽子。

行注目礼，直至升旗完毕

国歌奏响后，应该马上向国旗行注目礼，头部应随着国旗的上升而不断抬高，不能东张西望或是把头低下。

神态要严肃

升旗是一项严肃的活动，是向伟大的祖国和先辈们表示我们的敬意。因此，升旗时，神态一定要严肃，不能嘻嘻哈哈与人说笑，更不能与人打闹。

校运动会上不要给 班级抹黑

你身边的故事

学校星期四要举行校运会，要求同学们必须穿校服参加开幕式。星期三下午第三节课后，何老师来到教室通知同学们："开幕式明天早上九点开始，请同学们八点半一定要赶到学校操场。"

第二天早上，班上同学几乎都在八点半以前来到了操场上，只有小柱没来。很快就到了八点五十，可仍不见小柱的踪影。何老师就说："时间来不及了，我们不等小柱了，请同学们按队列次序走到主席台右边的指定位置参加开幕式。"

何老师刚整理好队伍，主持人就宣布，新华小学第十八届秋季运动会开幕。奏完国歌后，校长来到了台上发言。就在校长说到一半的时候，她忽然停止了发言，眼睛盯着台下五年级一班的队伍。台下的师生也顺着校长的视线望了过去。只见一个没有身着校服的学生正在一班队伍里转来串去，寻找自己应该站的位置。何老师满脸通红。看了大约五秒钟后，校长又继续自己的发言。

开幕式结束后，何老师把小柱叫到一旁问："小柱，今天是怎么回事，来晚了不说，还不穿校服？"小柱支支吾吾地说："何老师，对不起，我今天多睡了一会儿，走得急就给忘了，到学校了我才想起来今天要开运动会。"何老师一听这话，摇了摇头，然后说："算了，你快去看台吧。"

礼仪解读

每年的校运会是最令小朋友们激动的活动之一。因为秉承"友谊第一，比赛第二"的精神，我们可以在校运会中一展自己的个人风采和班集体的力量。这个目标无疑是高尚的。可是，要实现这一目标，必须同学们共同努力，如果像五年级一班那样，就因为小柱一个人不遵守运动会礼仪，不仅使得全班同学蒙羞，还影响了校运会仪式的进行。

通过小柱，我们不难看出，像其他集体活动一样，在校运会上也有很多的礼仪需要注意。如果忽略了这些礼仪，不仅不能增强我们的集体荣誉感，还会因为我们给班集体抹了黑而失去同学的尊重和友谊。

跟我学礼仪

牢记比赛精神和宗旨

无论是观众还是运动员，在运动会上都应坚持"友谊第一，比赛第二"的比赛精神和"重在参与"的比赛宗旨，不能为了取得好的成绩而弄虚作假、诋毁、干扰对手。

坚持公平竞赛、文明竞争的比赛原则

在赛场上，应该倡导公平竞赛，文明竞争，坚决反对仅仅为了夺取好的成绩而违背公平竞赛、文明竞争比赛原则的一切行为和做法。

着装得体

参加校运会，应该统一着装穿校服，不要穿西服或是紧身的服装，也不要穿拖鞋进入比赛场地。

准时参加开幕式

开幕式是校运会正式开始的标志，也是激发和鼓舞运动员比赛热情和斗志的形式，因此每个人都应准时参加，按要求入场、退场，不能随意离开会场，更不能无故缺席。如果迟到了，应悄悄站在队伍的末尾，不要在队伍中转来转去。

服从指挥，自觉遵守赛场纪律

在运动会期间，不论是运动员还是观众，都应服从指挥，听从安排，自觉遵守赛场纪律，以保证运动会有序进行。

尊重对手，尊重裁判

在比赛的过程当中，应尊重对手，不能侮辱、讽刺对手，更不能故意伤害对手；尊重裁判，要记住，裁判是比赛场上的最高权威，所以应尊重裁判，服从裁判，如果认为裁判有错判，可以向裁判委员会提出申诉，不能据此起哄，辱骂裁判，更不能因此聚众闹事或是罢赛。

文明观赛，为双方叫好

观看比赛时，最好不要过分地大声喧嚷，也不要用嘘声嘲笑运动员，或是用粗言脏话羞辱运动员，也不要喝倒彩或是在看台上起哄，作为观众，应该为场上所有运动员加油喝彩。最好也不要到比赛场地里为运动员加油，尤其是铁饼、标枪等比赛项目更不能跑进场内，以免发生危险和干扰赛场正常的比赛秩序。

理智对待比赛结果

无论是运动员还是观众，都应理智对待比赛的结果。取得好的成

绩固然可喜，如果没有取得好的成绩，也没什么值得懊恼，因为同学已经尽了最大努力。

懂得领奖礼仪

颁奖时，运动员应着装整洁，举止大方地走向领奖台，伸出双手从领导手中接过奖状奖品，然后向台下的观众挥手或是点头致意。当然，观众此时也应对运动员报以热烈的掌声，以示对其成绩的祝贺，切忌对获奖的运动员冷嘲热讽或是中途退场，那是非常不礼貌的。

不乱扔废弃物，人走场净

在观看比赛的过程中，应保管好零食的剩余物以及报纸、标语等杂物，不能随地乱扔，以免破坏赛场环境卫生，在离开时应该将废弃物带走，扔到垃圾箱中。

礼貌有序退场

运动会结束后，应该遵循领导和运动员先退场观众后退场的顺序，在离开看台的时候，应该按序走出，切忌与人抢行，以免发生安全事故。

友谊第一，比赛第二

你身边的故事

今天是六一小学校运会的最后一天，下午四点将要进行男子800米决赛，五年级二班的小伟和小伦都顺利地晋级到了下午的决赛。吃过午饭之后，小伦独自一人来到了操场上，他清楚地知道，这次800米的冠军肯定会在他和小伟之间产生。而只要小伟正常发挥，自己肯定不是他的对手。"一定不能让小伟发挥出自己的水平。"小伦暗暗地对自己说，一番冥思苦想之后，小伦终于想到了一个"好主意"。

很快就到了比赛时间，小伦和小伟以及其他所有选手都站在起跑线上。听见裁判喊了"各就各位"后，小伟笑着对小伦说："小伦，别紧绷着脸，放松，相信自己！"小伦漠然地点了点头。听见裁判的发令枪响后，几乎在同时，小伦和小伟迈出了脚步，箭一般向前跑去。两圈过后，其他选手和小伟和小伦的差距越来越大，正如赛前小伦想的那样，这次的冠军肯定会在他和小伟之间产生。在距离终点200米的地方，小伟忽然加速，一下超过了一直跑在前面的小伦。就在这时，小伟听见小伦"哎哟"一声，于是，他赶紧来了一个"急刹车"，拉住小伦问道："小伦，你怎么啦？"令小伟做梦也没有想到的是，就

在他拉住小伦的一刹那，小伦使劲推了他一下，毫无防备的他跌倒在地。小伦顿时箭一般地向前冲去，待小伟爬起来的时候，小伦已经到达了终点。小伦获得了他梦想的第一名，可是班上的同学却没有一个人上来祝贺他。待小伟跑到终点以后，班上同学全都拥了过去，纷纷祝贺他取得了第二名。

礼仪解读

参加比赛、夺取好的成绩、获得荣誉是很多人参加比赛的目的，这也是无可厚非的。但为了获取荣誉而不择手段、弄虚作假，甚至采取不正当手段，这不仅违背了体育运动的精神和举行比赛的初衷，也是可耻的行为。对于这样的人，即使他在比赛中取得了好的成绩，也不会得到人们的承认和尊重。这就是为什么故事中得到第一名的小伦没有得到同学们的祝贺，而获得亚军的小慧却得到了同学热烈祝贺的原因。

由小伦的教训我们可以发现，任何时候做任何事都要本着光明磊落的原则，堂堂正正地做人，光明正大地做事，绝不应该弄虚作假，否则就是违背应有礼仪的行为，还可能被人认为是"小人"的行径。

跟我学礼仪

服从、尊重裁判

裁判是比赛场上的最高权威，作为选手，应该尊重裁判，服从裁判的判决，如果对裁判的判决有意见，最好不要直接与裁判论理，更不能辱骂裁判，而应到仲裁委员会反映自己的情况或是想法。同时，在比赛结束的时候，应该向裁判表达自己的谢意，比如握握手，或是

说一句谢谢。

尊重对手

任何比赛都应尊重对手，也只有这样，你才能获得别人对你的尊重。一个处处都想压制、打击自己对手的人，即使他获得了比赛的胜利，也不会赢得别人对他的尊重。

尊重、相信自己的合作伙伴

在一些双打或是团体比赛中，应和同伴积极配合，互相鼓励，切忌相互埋怨。比赛结束后应和同伴握手致意，再共同和对手握手表示谢意。

坚持友谊第一、比赛第二

参加比赛、夺取胜利、获得荣誉固然重要，但友谊更重要，它会让你得到所有人的尊重。

不弄虚作假

不管参加什么比赛，都不应为了获得荣誉而不择手段，弄虚作假，比如冒名参加比赛、偷跑等等，都是非常可耻的行为，也必将遭到人们的拒绝。

遵守赛场纪律

在举行体育比赛的时候，为了维护赛场秩序，确保运动员和观众的安全，赛事组委会会制定相关的纪律和规则，运动员应自觉遵守这些纪律和规则。

热心对待观众

没有观众的现场观看和鼓励，赛场将会平淡很多，运动员们也会失去一定的动力，所以每个选手都应热心、热情地对待观众，不能辱骂或是打击观众，那既是没有礼貌的行为，也是缺少教养的表现。

参加集体活动要顾及
集体的荣誉

你身边的故事

清明节那天，胜利小学五年级一班全体师生去祭扫南山烈士墓。抵达烈士陵园外的广场后，班主任王老师迅速召集同学们按顺序站好，然后开始叮嘱同学们。没等王老师的话说完，队伍中的小民就低声对小路说："哎，王老师嫌不嫌累啊，这话他去年都说啦。"小路摇了摇头，然后轻声地说："王老师是担心我们忘了才强调的。"小民不屑地说："你以为大家都像你一样记不住事啊。"听完小民的话后，小路看了他一眼，什么也没说。

王老师讲话完毕后，带着同学们有序向陵园内的纪念碑走去。刚跨进大门，小民就从队伍中走了出来，想去摘路旁花园里的一朵小白花，恰好，王老师看见了小民的这个动作，于是对他说："小民，老师刚才说的话你又忘了吗？"小民摇了摇头，不好意思地回到了队伍中。同学们整齐地来到了纪念碑前，烈士陵园的园长为同学们讲解革命先辈们的故事。听着园长声情并茂的解说，老师和同学们不时报以

热烈的掌声，可小民一点儿也不在意，一会儿搔搔自己的头，一会儿玩弄自己的手指。

解说结束了。接下来王老师又说："现在请同学们在纪念碑前一起宣誓。"小民一听这话，哈哈大笑。看着小民的样子，小路不解地问："小民，你认为这很可笑吗？""当然，全是一些形式主义。"小民笑着回答。小路一听，非常生气，说："小民，你怎么这样不严肃，别忘了你现在是在烈士陵园！"说完这话，小路便和班上其他同学一起开始了庄严的宣誓，而小民则拿出了包里的瓜子开始悄悄嗑了起来。

礼仪解读

参加学校的集体活动，既可以学到知识，开阔眼界，还能增强、培养一个人的集体主义思想意识，是一件好事。然而，并不是每一个人都能意识到这一点。所以，在集体活动中，我们常会看到有的小朋友做出不顾班级集体荣誉的事情来。故事中的小民在烈士陵园的行为就属于这种情况。

人是离不开集体的，只有在集体中，一个人的才华才会被别人发现，他才会更有信心地激发自己的潜力，取得更大的成绩。可是，在集体中，一个人的缺点也是最容易暴露无遗的，甚至还会因为这些缺点而失去集体的宽容和谅解，变得孤独起来。

可见，一个不懂得约束自己的人，一个没有上进心的人，一个不顾及个人和集体荣誉的人，无疑会影响个人的成长，长大了还可能影响自己的前途。所以，小朋友们在集体活动中应该遵循礼仪。

跟我学礼仪

衣着整洁

无论是参加春游、夏令营，还是参观纪念馆、博物馆、祭扫烈士陵园，都应衣着整洁、大方，不穿奇装异服。在祭扫烈士墓的时候，还应佩戴鲜艳的红领巾，以示对革命先辈的尊敬、缅怀之情。

听从指挥

参加集体活动时人数众多，要服从工作人员或老师的安排、指挥，按要求自觉列队、行进、就座，不可自作主张、我行我素，以免发生意外。

准时参加

参加集体活动要准时，不迟到，因为迟到耽搁的不仅是个人时间更是大家的时间；不能在活动期间贸然入场、退场，如确有事情需要处理，应征得老师同意方可进行。

遵守纪律，保持秩序

参加集体活动，比如参观、祭扫烈士陵园，应自觉遵守集体纪律，不交头接耳、大声喧哗、随意走动，态度要庄严肃穆，不能在烈士陵园中嘻嘻哈哈、打打闹闹，也不能在陵园内乱跑，行走要按顺序。

爱护环境卫生

参加集体活动，应爱护所到之处的环境卫生，不能攀摘花木、践踏草坪，不乱扔垃圾，更不能随地吐痰。

注意安全

外出参加学校集体活动，由于人数较多，老师不可能时时处处关照到每一个人，因此，我们每个人都应该注意安全，不做那些可能发生危险的事，比如探险或是攀岩等等。

互相帮助

在参加集体活动的过程当中，同学之间应该互相帮助，比如，某位同学落伍了，你应该主动为他拎包；同学渴了，你应主动把自己的水让给他喝。

祭扫烈士陵园时更要讲究礼仪

在参观、祭扫烈士陵园的时候，要怀着崇敬的心情参加活动，认真观看或静听烈士事迹，不能在陵园内乱刻乱划，也不能随便动手去触摸烈士的遗物。

代表集体上台领奖
要注意形象

你身边的故事

在本周的校运会上，四年级一班取得了不错的成绩。体委萧萧要代表全班上台领奖，他非常高兴。当主持人宣布"现在有请我们的李副校长颁发三等奖，请四年级一班的体育委员上台领奖"时台下响起了热烈的掌声。

萧萧一听该自己上台领奖了，顿时觉得浑身热血沸腾，一下从班级队伍中跳了出来，然后激动地大声吼道："一班万岁！"听着萧萧如此兴奋的喊声，周围的同学禁不住笑了起来。喊完之后，萧萧便一溜烟地跑到了主席台上，然后转过身来，使劲儿地向台下的同学和老师挥手，又引得台下一片笑声。

看见萧萧如此的动作，颁发团体奖的李副校长不禁轻轻地摇了摇头，主持人见状，连忙说道："同学，请你领奖。"萧萧一听这话，赶忙停止了挥手，走到了李副校长面前，没等李副校长打开奖状，萧萧便一把拿了过来，转过身就向台下跑去了。

礼仪解读

在日常的学习和生活当中，每个小朋友都有机会代表班集体接受荣誉，比如上台领奖、接受领导的慰问或受到领导的接见等。能成为这样的"代表"应该是很荣幸的一件好事，它一方面可以在全校老师和同学面前一展自己的风采，另一方面也可以锻炼自己的交际能力。这其中有很多礼仪细节需要注意，忽视了其中的任何一个细节都可能会让你的个人形象和班级的集体荣誉受损，故事中萧萧的表现就是个例子。他把代

表班集体上台领奖这件事完全看成了个人的行为，任性而为，甚至利用这个时机大出风头，以至于让校长皱眉，让班主任尴尬，让同学们脸红。

跟我学礼仪

动作自然大方

接受荣誉时，动作一定要自然大方，不要做出一副扭捏之态，也不要显得局促不安，更不要大事张扬，而应大大方方、面带微笑地走

向讲台。

态度要谦恭

上台领奖或是受到领导接见时，态度应谦恭，当领导突然来访或是接见自己时，应马上放下手中的事，站立起来与之交谈，不能坐着与领导交谈，不能把班集体的荣誉当作是自己的荣誉，做出一副不可一世的样子。

神情要专注

上台领奖、接受慰问时，你应神情专注，不要低着头，也不要东张西望，而应面带微笑，双眼平视对方。

双手接递

当老师或是领导给你颁奖时，你应该伸出双手去接收奖品，不能伸出一只手去接收奖品，那是非常不礼貌的行为。

认真倾听

接受慰问或是受到领导接见时，应该认真倾听领导的讲话，如若有必要还应认真做好笔记，不能三心二意，也不能做一些与之无关的小动作，比如玩弄手指、拨弄头发等等。

及时感谢

代表集体接受荣誉完毕后，应该马上对领导说一声"谢谢"，再接着敬一个标准的少先队队礼，然后大大方方地离开。切忌一拿到奖品或接受慰问、接见完毕后，转身就走，那会显得非常没有礼貌。

第十章
行路礼仪

路上行走要遵守交通规则

你身边的故事

国国背上书包上学去。很快，他就走到了一个十字路口。虽然公路上车来车往，信号灯也是鲜明的红色，但他一点也不在乎，埋着头就往前冲去。就在此时，忽然从后面伸出一只手一把拉住了国国。他回头一看，原来是一位叔叔，也就是在此时，一辆出租车从国国身旁飞驰而过。叔叔笑着对国国说："小朋友，过马路怎么也不看一下是否是绿灯，那多危险啊！"国国头也不回地说："没事，我一直都是这样走的。"很快红灯就变成了绿灯，那位叔叔和国国一同向马路对面走去。看着国国在路中央蹦蹦跳跳的样子，叔叔说："小朋友，过马路可不能这样走，应该走在斑马线上。"听着叔叔的话，国国心想："这位叔叔真是麻烦，不就是过马路嘛，哪有如此多的规则。"看见国国没有理睬自己，那位叔叔也没有再说什么，过了十字路口后，国国便快步向学校走去。

在路上国国遇到了同桌小华。

看着国国一会儿走在人行道上，一会儿又走在非机动车车道上，小华对国国说："国国，不要走在非机动车车道上，会被撞着的。"国国笑着回答："没事，我自己会小心的，放心吧。"国国的这句话还没有说完，就听见后面忽然响起了紧急刹车声。后面一位骑自行车的阿姨怒气冲冲地对国国大声说："你这孩子怎么回事啊？有人行横道不走，走到自行车车道上干吗？"

听见阿姨大声呵斥国国，小华连忙走了过去，笑着对阿姨说："阿姨，对不起，请您原谅！"听了小华的道歉，阿姨说了一句"没事，以后走路小心点，不要走错道"后，就骑车走了，小华则拉着满脸通红的国国向学校走去。

礼仪解读

在路上行走，必须懂得行路规则。因为只有这样才能保证通行顺畅，出入平安。

看完上面的小故事，小朋友们有没有为国国的行路安全捏一把汗呢？试想，要是没有那位叔叔及时地拉他一把，那位骑车的阿姨晚刹一下车，国国将遭遇多么严重的后果啊！假设这些伤害真的发生在了他的身上，那么又能怪谁呢？当然是他自己，因为他没有遵守交通礼仪。

跟我学礼仪

自觉遵守红灯停、绿灯行的规定

无论走路还是骑车，都应自觉遵守绿灯行红灯停的规定，故意去违背这个规定，既会受到惩罚，也会让自己受到伤害。

靠右行

在路上行走时，应走人行横道，尽量靠近道路的右边，不要走到机动车车道上去。骑车也不能上机动车车道，而应走专门的非机动车车道。

走斑马线

在通过十字路口或横穿马路时，一定要走在斑马线上，不要走在斑马线以外。如果走在斑马线当中时，信号灯变红，此时一定不要惊慌，更不要试图冲过去，而应端端正正地站在斑马线上或是走进安全岛内，待信号灯变绿后再快步走过去。

牢记"一看二停三通过"

过马路时，不能埋着头就往前冲，应注意避让来往车辆，不能抢行，而应该这样做：一看，看信号灯是红是绿；二停，如果是红灯，就应该自觉停下来；三通过，看见信号灯是绿色后，才可以通过。

不翻越隔离带

在过马路时，一些人为了图方便省事，不走斑马线，而去翻越隔离带，这是非常危险的违规行为。

路上遇见熟人不能装作没看见

你身边的故事

星期天的上午，小静和妈妈去新华书店买书。小静看见了一个熟悉的身影——班主任何老师，她正在向她们走来。小静于是拉着妈妈的手，说："妈妈，快走，我想去楼上看书。"就在这时，何老师已经走到了她们的旁边，小静赶忙把头转向另一边，站着不动，然后仰头看着天空，还偷偷斜着眼睛看何老师是否已经走开了。此时，何老师已经看见了小静，并对她说："王静，你也来逛街啊？"虽然听见何老师在招呼自己，可小静还是装作没听见。

听见有人招呼自己的女儿，妈妈抬头一看，发现是小静的班主任何老师，连忙说："何老师，您好。"随后，她又对小静大声说："小静，你在干吗呀？老师跟你打招呼，你怎么也不回句话，太没有礼貌了。"听完妈妈的话后，小静才转过身对何老师说："是何老师啊，何老师好。"

209

礼仪解读

在每天的行走中，我们不可避免地会遇见自己的朋友、同学或是老师长辈。遇到这种情况采取回避的态度是很不礼貌的。有些同学是由于性格内向，可越是性格内向的小朋友们，越应该主动寻找机会锻炼自己，锻炼自己的社交能力，这对你们的将来是大有裨益的。

至于故事中的小静，从情节上看应该是她与老师的交往心态不够端正。每一个小朋友都应该清楚这一点，老师的批评与赞扬都是没有恶意的，他们的出发点都是为了你们的成长进步，所以，小朋友们都应该理解老师，给予老师应有的尊重。从礼仪上讲，小朋友们都应该从严约束自己，使自己成为一个知书达理对社会有用的人才。

跟我学礼仪

遇见好友应主动招呼

行走时，遇见自己的好友，不能把头扭向一边，视而不见，而应主动招呼、问候他们。如果相隔较远，可待走近一点儿再问候，不要在街上大声喊叫，以免影响其他路人。

早上好！

早上好！

遇见熟悉的人可点头施礼，以表问候

比如，当在路上遇见邻居时，就不能漠然而过，而

应对其点头或抱之以微笑，以示问候。

遇见长辈时，应停下脚步，到其面前问好

尊老是我们的传统美德，当你遇见自己的长辈时，应走到他们面前问候，如果前行方向一致，还可以扶着他们前行。

遇见老师，不要躲避，应主动及时问好

老师既传授给我们知识，又教我们怎样做人，无论何时何地看见我们的老师都应该主动关心、问候他们。

交谈不要妨碍他人

无论是遇见自己久别的朋友，还是老师、长辈，在与他们打完招呼、问好之后，如果还想进一步交谈，应该主动走到路旁。不要停留在道路当中或是人多拥挤的地方长时间交谈，以免妨碍他人行走和阻碍交通。

及时地介绍自己的朋友

当你与人同行遇见自己的朋友时，恰巧你的同伴与自己的朋友不认识，在主动招呼朋友后，应该及时向朋友介绍自己的同伴。

路上行走互相礼让

你身边的故事

　　小圣非常喜欢打篮球。这不，刚吃完午饭，他就拿上书包往学校里走去。为了多玩一会儿，小圣走得很快，就在这时，他对面走过来爷孙俩。由于街道路面挺窄，他们便"狭路相逢"了，此刻小圣的心里只有篮球，于是他对那位老爷爷说："让开。"说完，他便猛地从他身边穿过去了，差点把老爷爷的孙子碰倒在地。看着小圣如此不懂礼貌，老爷爷深深地叹了口气。很快，小圣来到了宽广的大路上，不由得加快了脚步。一不小心，小圣一脚踩在了旁边一位女士的脚上。可是小圣依旧自顾赶路，也没说对不起。那位被踩的女士对他说道："小朋友，你是怎么走路的啊？"小圣回答道："你真是奇怪，我怎么走路你管得着吗？"这位女士一听这话，气就更大了，说道："我当然管得着，因为你踩了我的脚。"小圣说："我又不是故意的。"那位女士说道："难道你就不会说一声对不起吗？"小圣一声不吭，最后那位女士无奈地说道："小朋友，不是阿姨跟你计较，你要记住：不管什么时候，打扰了别人，都应该向别人道歉，这是做人最起码的礼貌。"说完，这位女士便走了。看见这位女士离开后，小圣冲着她

的背影做了一个鬼脸，又向学校走去了。

礼仪解读

礼让是中华民族的传统美德，是一个人应该具备的优良品德。

礼让也是一种礼仪行为。懂得这种礼仪的人，在为人处世中就会因为自己的大度、谦虚而受到别人的赞美与欢迎；而不懂这种礼仪的人，他们处处时时只会想到自己，哪怕是像走路这样的事，他们也会处处争先，从不顾及别人的感受，当然只会使自己的路越走越窄，成为人们厌恶的对象。

跟我学礼仪

1．在行走的过程当中，如果不小心碰撞到了别人，应该及时向人道歉。

2．如果有急事要超行，应从旁边绕过，或是轻声招呼别人一声，比如，你可以说："对不起，借过一下。" 切不可强行硬闯。

3．行走时，不要与人抢道，因为那是非常不礼貌的，也是非常危险的。

4．礼让别人。当你在行走途中遇见老弱病残或是比自己还小的人时，应该主动让出通道，礼让他们先行，不能跟他们争着向前。

5．当与长辈同行时，你应主动走在靠马路车辆来往的一面，让长辈走在道路的里面。

6．当你与人同行在比较狭窄的道路上时，不要并肩而行，而应单独行走，主动给行走有困难的人或是推着婴儿车的人让道。

要尊重、
帮助老弱病残

你身边的故事

　　小昆是四年级二班的一名学生，非常喜欢嘲笑别人的短处与不足。一天放学后，小昆跟在小玉、小于等同学的后面朝家里走去。突然他看见后面走来了一个拄着拐杖的人，心想这下可有玩的了。待那位拄着拐杖的叔叔走到自己前面时，小昆马上跟了上去，学那位叔叔走路的姿势，还不停地向自己的同学做着鬼脸。看着小昆如此无礼的样子，小玉走到小昆的面前说道："小昆，你太过分了，怎么能这样？"小昆听完小玉的话后，两眼向上一翻，然后说道："关你什么事？我又没学你。"小玉一听小昆如此蛮不讲理的话，顿时气得满脸通红。这时，小于走上来说道："小昆，难道你忘了老师告诉过我们，无论何时何地都应尊重、帮助老弱病残吗？"看着小玉、小于非常生气的样子，小昆也就不好再为自己的行为狡辩了。这时，那位拄着拐杖的叔叔也听见了他们在说什么，于是转过身来，用严厉的眼神盯着小昆，

看见如此的阵势，小昆赶紧低下头走了。

礼仪解读

　　尊重别人、乐于助人，既是一种优良的品德，也是懂礼貌的表现。生活中，那些尊重别人、热心帮助别人的人，会得到别人的尊重；而不尊重别人，甚至嘲笑别人、冷漠自私的人只会受到人们的鄙视。古人早就说过："不行礼者，无一成事！"故事中四年级二班的小昆，不懂得在行走时遇见老弱病残应该注意的一些基本礼仪，以至于做出了那种令人厌恶的事情。

跟我学礼仪

　　1. 如果有人不小心跌倒了，不要嘲笑他们，而应该立刻将他们扶起。嘲笑别人也是不礼貌的表现，会降低你在别人眼中的形象。

　　2. 不要盯着或是模仿身体有残疾的人的动作或是姿势，也

不要对着他们吹口哨，嘲笑他们。

3．不要侮辱老弱病残。在街上遇见向你乞讨的人，不要侮辱他们，他们也需要尊重。

4．过马路时，主动帮助那些行动困难的人。比如，牵着他们的手带他们过去，或让他们先行。

5．不与老弱病残抢道。当你在行走时，如果遇到老弱病残，你应该主动为他们让道，不要与他们争着前行，以免伤害他们。

6．不毁坏老弱病残使用的公共设施。比如，你骑车时就不应该在盲人道上前行，也不要把车放在盲人道上。

7．如果遇到老弱病残向自己求助，应该及时给予他们尽可能的帮助，不能置之不理。如果自己实在无能为力，可以带领他们向警察求助。

上下楼，靠右行，
不抢道，不打闹

你身边的故事

　　星期二下午放学后，小竹拿起书包便匆匆忙忙向家里走去，因为他喜欢的动画片《葫芦娃》在六点就要开始了。一阵"急行军"之后，小竹终于来到了自家楼下，休息了十秒钟后，小竹便开始朝六楼发起了"冲锋"。刚爬到三楼，他就看见四楼上有一个老爷爷正在往三楼走。小竹此时一心想着电视，所以也就压根儿没有想到给这位老爷爷让出道来，让他先行。只见小竹两只手抓住楼梯，噌噌几下，便来到了这位老爷爷的面前。恰巧，这位老爷爷正一只手扶着楼梯，另一只手扶住墙，站在楼梯上歇气。看见这老爷爷挡住了自己的道路，小竹极不耐烦地说："喂，让开，没看见我急着赶路吗？"老爷爷一听此话，满脸不悦地说："小朋友，难道老师没有教过你要尊重老人，上下楼梯应该让老人先行吗？"小竹头也不抬地说："教过，不过我现在有急事，也顾不了那么多了。"说完，他便从那位老爷爷的胳膊下面钻了过去，三步并作两步朝自己家里跑去。

217

礼仪解读

有一个故事说的是过独木桥，来自不同方向的两个人因为谁也不让谁就僵持在那儿了，结果，日落西山时，两个人还是大眼瞪小眼地站在那儿生闷气。楼梯比独木桥宽多了，可是，如果没有礼让的话，是不是再宽的马路也会出现塞车现象呢？细想来，因为走路这点儿小事与人争论、生气、耽误时间都是不值得的。

故事中的小竹为了能及时收看自己喜爱的动画片，竟然忘记了在楼梯上要礼让老人和孩子的礼仪，这不能不说是自私、无礼的表现。小朋友们可要注意别让这种行为出现在自己身上哦。

跟我学礼仪

1. 坚持"右上左下"的原则。上下楼，或是过楼道时，都应遵守"右上左下"，为有急事的人空出左侧通道。不要与人并排行走，那样会阻碍他人的通行。

2. 不抢道，不打闹。当你在上下楼梯时，遇见老年人或是比自己还小的人时，应主动给他们让出通道，请他们先行，切不可与他们抢道。也不要和同学在楼梯里玩耍打闹，以免发生危险，出现意外。

3. 通过楼道时，不吵闹喧哗，以免影响别人。也不要在公用楼道里乱涂乱画，这是缺少公德心的表现。

4. 带客人去家里，上下楼梯时，应走在客人的前面。如果是陪人上楼，你就应该走在所陪人的前面，下楼时，应该走在所陪人的后面。

5. 减少在楼道上的停留。楼道是人们过往的通道，所以最好不要在楼梯或楼道上休息，也不要与人长时间在楼道交谈，以免影响他人通行。

人行道上忌骑自行车

你身边的故事

　　小翔的自行车骑得非常棒。周二早上，小翔在上学的路上碰到了张鲁和张航，于是三人并驾齐驱向学校飞驰而去。

　　去学校的路上有一段比较崎岖狭窄的路段，张鲁和张航两人都不由自主地慢了下来，在人多的地方甚至还下来推着走。小翔想露一手，于是仍然我行我素地穿行在人流中，也不管有没有老人和孩子。他在路中间划着"S"，险些和迎面而来的自行车撞上。小翔可不管这些，依然飞车前行，时而飞驰在马路中间，时而穿行于人行道上，吓得行人和张鲁、张航目瞪口呆。张鲁和张航大声喊："小翔，人太多了，下来吧。"

　　小翔哪里舍得放弃这么一个露脸的机会，不一会儿，他就把张鲁、张航落得好远，差不多比他二人早20分钟到了学校。在学校大门口，小翔仍不舍得下车，竟然想骑进学校，结果被学校的政教老师逮了个正着。结果不但他自己挨了批评，班级积分也因为他不守纪律被扣去了10分。

礼仪解读

　　骑自行车已经成为很多人的出行代步首选。但许多人并不知道骑

车时应注意哪些礼仪，别说骑车打伞、骑车带人、乱停乱放等，就连闯红灯的现象都时有发生，可见，自行车礼仪知识确实亟待普及。

在国外，对骑自行车上路要求非常严格。骑自行车必须戴头盔，配备车灯和反光镜，夜间或雨天骑车均需要开灯，并且除了比赛等特殊的例外，自行车是不许上高速公路的，在人行道上骑车更是违法的。

这些当然在中国无法实现，但是必要的礼仪对于骑车人来说还是需要遵循的，因为它关涉到人身安全。所以，小朋友们应该从我做起，做一个文明的骑车人。

跟我学礼仪

1．遵守信号灯的指示，不闯红灯、不抢道。

2．骑车时要注意四周，不低头猛骑，也不要骑自行车打手机。

3．应该骑在专用的自行车道上，不在人行道上行驶。

4．在骑自行车时，特别是在车流比较集中的路段，不要随便改变行驶路线。

5．雨天骑车时不撑雨伞，而应该穿雨衣，最好选择鲜艳的雨衣，如黄色。

6．骑车上学时不要撑着雨伞，以免妨碍你看清前方的道路。

7．下雪与化雪天最好不骑车，以防路滑发生意外。

8．避免结伴成群并排骑车，骑车时也不要和同伴互相嬉戏，那样很容易引发交通事故。

9．不能骑车带人。

10．不载重货，因为自行车负载太重，惯性必然也大，遇到紧急情况刹车不及时，容易造成交通事故。

11．不应为了借力，把手扶在机动车上行驶。

12．骑自行车转弯时，应该减速慢行、伸手示意转弯方向，需要的时候可以摇铃。

13．除了必要时伸手打手势外，双手尽量保持握把的状态。

14．遇到颠簸路段时，最好下车，推车步行。

15．遇到老弱病残者动作迟缓，要给予谅解，主动礼让。

16．进出校门，应主动下车，推车出入校门，不能骑车进出校门，以免撞到老师或同学。

17．不能把自行车随意乱停乱放，要遵守停车规则。

18．小区里的自行车须停放在自行车棚内。如果小区里没有规定的停放处，尽量停在不妨碍居民活动的地方。

19．不可把别人已停好的自行车挪开，停放自己的车。

20．不小心撞倒别人的自行车，要主动扶好。

21．如果空车位紧张，应礼让他人，避免抢占行为的发生。

22．自行车不要停放在像楼道这样的公共空间，否则会妨碍居民的日常活动。如有特殊情况，征得邻居同意后再停放，并对造成的不便表示歉意。

乘公交车要遵守秩序

你身边的故事

星期天的早上，小伍有急事需要乘车赶到学校。由于是周末，外出乘车的人很多，车站已经排起了好几个长队。看着那些自觉排队的乘客，小伍心里想："一群傻蛋，那样肯定没有座位的。"很快，小伍要乘的车开进了车站，还没等车停稳，小伍就一下跑到了候车队伍的最前面。车门刚一打开，小伍便一步踏上了车。看着小伍如此"勇猛"，下车的几位老爷爷老奶奶连忙给他让开了一条道。上车后，小伍坐到了车上唯一一个空座位上。这时，一位行动不便的老爷爷来到了小伍身边，随即站了下来。车开得很快，那位老爷爷有几次差点摔倒，但小伍却装着没看见，随后把头扭向一边，吃起了薯片。小伍前排的一位乘客见状，赶紧起身把自己的座位让给了这位老爷爷。

车开到学校门前的车站时，小伍也恰好吃完了那袋薯片，他随手把袋子往地下一扔，然后从座位上站了起来便向车门冲去。

车门一开，小伍把自己前面一位抱小孩的阿姨往后一拉，便一个箭步抢先跳下了车，差点儿把那位阿姨撞倒。车上乘客看见小伍如此不懂礼貌的样子，都禁不住摇了摇头。

礼仪解读

在平日的学习和生活当中，有的人表面似乎温文尔雅，可一旦到了外出乘车时，他们就会原形毕露，丑态百出。他们不但不为一些特殊人群让座，反而与他们抢座；不小心踩了别人，自己还要做出一副受害者的样子，结果引发起一场原本可以用一句"对不起"就可避免的"战争"。

这样的表现，不知小朋友们是否认同？他错在哪里呢？是的，他不懂得乘车礼仪，应该补上这一课了。

跟我学礼仪

排队候车，先下后上

在车站候车，应该自觉排队，等车上乘客下来后，再依次按序上车，如果队伍中有老人、小孩和残疾人应该主动让出通道，请他们先上。

不插队，不抢座

去车站乘车时，当别人已经排好了队，你也应该自觉排队，不能插队。不能等车门一开就冲上去抢座位，或是用书包等东西为同行的人占座。不要吊在车门上，这样既危险，又耽误其他乘客的时间。

主动购票或刷卡，主动让座

上车后应主动购票或是刷卡，在车上尽量把座位让给老、弱、病、残、孕及抱小孩的人坐。

注意安全，扶好坐好

上车后如果没有座位，应拉好把手扶手，站稳扶好，尽量不要靠在别人身上。在行车的过程当中，切忌将头手伸出窗外，以免发

生危险。

文明乘坐

坐车时，应该文明乘坐，不能在座位上斜躺或横卧，以免妨碍他人乘坐；也不能在车上随便脱衣，不能因为热就脱下自己的衣服，那是非常不雅的。

不喧哗，不吵闹

在车上不应和朋友、同学高声交谈或是打跳说笑，不要高声接打手机，以免妨碍其他乘客。

礼貌用语挂嘴边

乘车时应该讲礼貌用语，诸如"谢谢"、"对不起"、"请"等。

互相谦让、体谅

在上班、上学的高峰，车辆往往非常拥挤，乘客之间应互相谦让，互相体谅，不要稍有碰撞就对别人破口大骂或是拳脚相加。

保管好自己的东西

当你带着食品或是其他物品上车时，一定要妥善保管，以免弄脏别人的衣服。尤其是在雨天乘车，上车后应该让雨伞尖向下，以免戳伤别人或弄湿别人的衣服，雨衣则要脱下，湿的一面向里裹起。行李应放在行李架上，切忌塞到座位下，这样会妨碍邻座。

爱护车内卫生

不在车厢内乱扔果皮纸屑，也不得任意抛弃杂物或垃圾于车窗外；不随地吐痰；打喷嚏、咳嗽时，应低下头，用手帕捂住，不能面对别人。

尊重售票员、司机及车上其他乘客

乘车时，应该尊重售票员、司机和车上其他乘客，不能无故辱骂、刁难他们。

附：乘火车礼仪

1．乘火车要提前到站，在候车厅等候时，要爱护候车室的公共设施，不要大声喧哗，携带的物品要放在座位下方或前部，不抢占座位或多占座位，不要躺在座位上使别人无法休息。保持候车室内的卫生，不要随地吐痰，不要乱扔果皮纸屑。

2．检票时要自觉排队，不要拥挤、插队。进入站台后，要站在安全线后面等候。要等火车停稳后，方可在指定车厢排队上车。上车时，不要拥挤、插队，不能爬车窗上车。

3．有次序地进入车厢，并按要求放好行李。行李应放在行李架上或座位下，不应放在过道上或小桌上。

4．在座席上休息，不要东倒西歪，或卧倒于座席上、茶几上、行李架上或过道上。不要靠在他人身上，或把脚跷到对面的座席上。

5．去餐车用餐时，如果人数过多，应耐心排队等候。在用餐时，应节省时间。用餐完毕，应即刻离开，不要占着座位不走，借以休息、聊天。

6．下车时，应自觉排队等候，不要拥挤，或是踩在坐椅背上强行或从车窗下车。

乘坐电梯要有序

你身边的故事

中午放学后，小翘在自家楼下等电梯。虽然只有几个人等候乘电梯，但他们还是自觉地在电梯两边排起了队。

电梯下来了，小翘一个箭步来到了电梯门口的中央。门刚一打开，还没等里面的乘客走出来，他就往里面挤。电梯里的一位阿姨见状说："小朋友，请你不要急，快去排队上电梯，要是人人都像你这样不遵守秩序，那岂不乱了套啊？"小翘看了这位阿姨一眼，什么也没说，依旧站在电梯的门口。这时，一位排在队伍前面的叔叔对小翘说："小朋友，不要急，我们先让后面的老爷爷和他的孙女上吧。"说完这话，那位叔叔便让老爷爷和他的孙女来到了队伍的最前面。看见电梯里的乘客下完后，没等老爷爷和他的孙女迈出脚，小翘便"嗖"一下从他们身旁挤了过去，差点把老爷爷的小孙女碰倒在地，幸亏老爷爷眼快，一把扶住了自己的小孙女。

进入电梯后，小翘便斜靠在电梯壁上，一双眼睛东瞧瞧西望望，还不时大声地哼上一两句歌。这时，小翘感到自己的嗓子有一点痒，便使劲儿咳了几声，随后便把嘴里的痰吐在了电梯内。乘客们看着小翘的这一系列动作，都沉默摇头。

礼仪解读

电梯，作为很普通的代步工具，给人们带来了极大的方便。可是，在享受方便中，却有很多人忘记了对这一空间的环境维护。

故事中的小翘在乘坐电梯时，违背了乘坐电梯的文明礼仪。小朋友们在日常生活中要引以为鉴，遵守礼仪。

跟我学礼仪

1. 注意安全。乘坐电梯，尤其是无人驾驶的电梯时，一定要注意安全。在电梯门关闭的时候，不要抢行挤入或是扒门，那样很容易夹伤自己；在电梯人数超载时，应主动退出，以保安全；乘坐电梯出现意外或是停电时，不要慌张，应及时拿起电梯内的紧急电话，向外求助。

2. 进出注意礼让。乘坐电梯时，应该"先出后进"。等候电梯时，应站在电梯门两侧，不要站在电梯门口的中央，那样会妨碍电梯内的人出来。与老幼病残孕者乘电梯，应让他们先进先出，不能与他们抢着进出电梯，进入电梯后，应靠近操作键，以便为他们提供服务。

3. 进出电梯应侧身而行，以免碰撞到别人，进入后应该及时按下要到楼层的数字，同时尽量往里面站，较为拥挤时，可请别人帮忙按楼层号，同时说声"谢谢"。

4. 注意电梯内卫生。乘坐电梯时应自觉维护电梯里的卫生，不随地吐痰，不乱扔废弃物品。如若携带的是有汤汁的食品应包装严密，并置放在电梯的角落，以免蹭脏别人的衣服，弄脏电梯里的地毯。

5. 保持安静。进入电梯后，应自觉保持安静，不高声与人说话，更不能嬉笑打跳玩耍，那样做既不礼貌，也很危险。

6．注意站姿，不要东张西望。进入电梯后，应正襟危"站"，不要弓着腰，也不要斜靠在电梯壁上；不东张西望或是盯着别人老看，也不要与陌生人面对面站立。

7．提前走到出口。在接近自己的目的楼层时，应提前走到电梯门旁，不要等到电梯门打开时才匆匆挤出来。当然，在走出电梯门时，应该按照次序依次而出，不要争先恐后。

8．如果带着客人乘电梯，应先到电梯口为客人打开门，请客人先上。到达目的楼层后，你应该先下，然后为客人扶好电梯门，并向客人指明该朝哪个方向走。

9．乘滚动电梯时，应该尽量靠近右侧，以便为他人留出空道。

10．带宠物乘坐居民楼电梯，应按规定要求，管好自己的宠物，不要影响他人。